A FILOSOFIA DA ADÚLTERA

LUIZ FELIPE PONDÉ

A FILOSOFIA DA ADÚLTERA

2ª edição

G‌LOBOLIVROS

Copyright da presente edição © 2019 by Editora Globo S.A.
Copyright © 2013 by Luiz F. Pondé
Todos os direitos reservados.

Nenhuma parte desta edição pode ser utilizada ou reproduzida — em qualquer meio ou forma, seja mecânico ou eletrônico, fotocópia, gravação etc. — nem apropriada ou estocada em sistema de banco de dados sem a expressa autorização da editora.

Texto fixado conforme as regras do acordo ortográfico da língua portuguesa (decreto legislativo nº 54, de 1995).

Preparação: Alexandre Boide
Revisão: Mauro Nogueira
Capa: Cris Viana – Estúdio Chaleira
Foto de capa: istock
Diagramação: Douglas K. Watanabe

CIP-BRASIL. CATALOGAÇÃO NA PUBLICAÇÃO
SINDICATO NACIONAL DOS EDITORES DE LIVROS, RJ

Pondé, Luiz Felipe
A filosofia da adúltera / Luiz Felipe Pondé. – 2ª ed. – São Paulo : Globo Livros, 2019.

ISBN 978-65-80634-14-9

1. Rodrigues, Nelson, 1912-1980 – Crítica e interpretação. 2. Adúlteras na literatura. I. Título.

19-59938
CDD: 869.09
CDU: 82.09(81)

Meri Gleice Rodrigues de Souza – Bibliotecária CRB-7/6439

2ª edição – novembro/2019

Editora Globo S.A.
Rua Marquês de Pombal, 25
Rio de Janeiro, RJ – 20230-240
www.globolivros.com.br

Para todos os infelizes do mundo.

*Para mim, há uma nítida relação
entre a adúltera e o suicida.
Aquela que trai e aquele que se mata estão fazendo
um julgamento do mundo.*

Nelson Rodrigues, em A *menina sem estrela.*

Sumário

Prefácio à segunda edição 12

Que a adúltera reze por nós 15
Abertura 16
Uma filosofia selvagem 17
O método 19
Uma filosofia do senso comum 21
Por que Nelson Rodrigues? 22
A adúltera 25
Condição humana antes da condição social 30
Sofrimento 32
O miserável tédio da carne 33
O destino cego de um belo seio 35
O medo 38
O jovem 41
A amante espiritual de Che 43
Sexo nos berçários 44
A crítica à ideologia 47
Da necessidade do apoio dos cretinos 49
O desejo pinga 51
A feroz infelicidade 53
A tragédia da liberdade 55

O desinteresse pelas mulheres   57
Do falso desprendimento   59
Elogios   61
Uma mulher interessante   62
Razão e santidade   63
Sem capacidade para o espanto   65
De quatro   66
As moscas   67
Opinião pública   69
A humilhação dos dias úteis   70
Imortal hábito feminino   71
Amor obsoleto   73
Fome de mentira   75
Perdão no meio da rua   77
Homem com menos de dezoito anos   78
Ideologia de bolso   79
Vaidade   81
Patologia do mistério   83
A dor do bem   86
Elegância   88
O poder da brotoeja   90
A canalhice dos intelectuais   91

A filosofia da minissaia   93
A mulher quer um nada como marido   95
Por que o idiota da objetividade é idiota?   97
O supérfluo   98
O profeta   99
O rubor feminino   101
O problema é a opção   103
Gilberto Freyre e a resistência aos idiotas   104
Gente brega que acha que é fina   105
"Não quero ser bonita"   106
No pé da mesa   107
A lama de cada um de nós   108
Ódio ao amor   110
Piolhos e lêndeas   111
A dor é monótona   112
É preciso ser leal?   113
Liberdade   115
O crioulo da Grapette   117
O inferno – o fim   118

Prefácio à segunda edição

A adúltera é um arquétipo eterno como a Bíblia. Este livro, publicado em 2013, continua atual porque o pecado, a culpa, o desejo, que encarnam na mulher que abre as pernas para um homem, que não é seu marido e pai dos seus filhos, e engole seu esperma com um prazer que nunca engoliu o do seu marido, permanecem como arquétipo do mal feminino, maior do que a prostituta, porque esta não tem dono e não cospe sob a janta da família o gosto de sua boca, objeto sexual de seu amante.

Este livro segue de perto as intuições de Nelson Rodrigues sobre essa "filha da desgraça", irmã da prostituta. Por sua vez, Nelson segue de perto a grande matriz bíblica que opera uma inversão na noção de virtude e pecado, não só na mulher, como no homem. Sendo a mulher, para o homem que gosta de mulheres, um objeto prioritariamente feito para o sexo, seu grande pecado será sempre dessa ordem.

A tradição bíblica suspeita de quem se acha portador de virtudes. Os exemplos dessa inversão atravessam tanto o Novo quanto o Velho Testamento. De Jacó à Raquel, de David à Betsabá, de Jesus e "sua" adúltera. Essa inversão faz eco a uma das mais antigas máximas acerca das virtudes: elas são tímidas e nunca falam de si mesmas porque nunca têm certeza de sua própria condição. Por isso, repito, com Nelson: que a adúltera reze por nós.

Hoje, o marketing da ética nunca esteve tão barulhento. Nunca foi tão importante lembrar que só os pecadores (e neuróticos) verão a Deus. Nunca aqueles que carregam em si um coração que não sofra com o desassossego da culpa. Para aqueles que me perguntam com frequência se eu preferiria morrer de tristeza ou de culpa, confesso que preferiria morrer de culpa.

Nelson era o moralista, na mais profunda tradição filosófica de matriz hebraica: sempre olhando fundo nos olhos vidrados de dor moral.

Luiz F. Pondé
São Paulo, agosto de 2019

Que a adúltera reze por nós

Este livro é escrito sob o espírito da adúltera. A mulher que representa a condição humana como escrava do desejo. Que experimenta o tédio miserável da carne. Que conhece a tristeza da cobiça. Que sente o peso do abandono e da mentira social. Que peca como respira. Que é bela como uma miserável. Que realiza a vocação mais antiga da mulher. Que reconhece o quanto se perde em si mesma e como é autodestrutiva. Mas que, ainda assim, não consegue deixar de abrir as pernas para o homem que não é seu marido, que chupa seu sexo engolindo o desejo líquido que brota dele, traindo a confiança de seu marido infeliz e de seus filhos, e que assim se faz representante de toda a humanidade em sua miséria. Deus ama a adúltera e pede a ela que reze por nós. Nelson sabia disso muito bem.

Eis o que quero dizer: vou me repetir, mas, sem minhas repetições, sou um nada. Claro que estou citando Nelson. Este livro é um misto de filosofia e jornalismo, e jornalismo é muitas vezes redundância, porque se sabe que o leitor é sempre um coitado, como todos nós, um efêmero. E a filosofia é a arte de tornar a vida um espanto. E o espanto precisa sempre se repetir para fazer efeito.

E mais: volto à adúltera. Não existe mulher mais desgraçada.

Abertura

Não há dúvida de que há algo de memorialista em Nelson. Textos memorialistas se formam como pedaços. Assim como Proust e sua *Madeleine*, Nelson lembra que o gosto ardido da pitanga e o amargor do caju foram suas primeiras relações com o universo, não rostos nem sons. Segundo ele, essa foi sua primeira experiência do "mundo nascendo". Desse modo, podemos perceber que a apreciação estética – como se diz elegantemente em filosofia –, ou seja, olhar o mundo pela ótica da sensação, e não da ideia, é seu método de conhecimento. A sensação dá unidade ao pensamento, e não o contrário.

Autores assim são viscerais e céticos com relação à autonomia do pensamento em relação ao corpo. A eternidade do corpo é ser ele um limite intransponível. Dizia Nelson que começou a existir ali, no gosto que arde e amarga.

Uma filosofia selvagem

Lembro-me de um filme que vi há muito anos, um filme francês no qual o personagem principal, um perfumista, foge de sua vida em Paris. Ele é um gênio em perfumes e sua mulher, uma chata, cuida da parte comercial. Ele vai para a América Latina e se torna feirante. Resolve romper o ciclo de desgostos de uma vida que não era a que ele queria viver. Romper uma vida de desgostos talvez seja o maior dos sonhos, claro, para quem não morre de fome. Nosso selvagem dá sorte e ganha a Catherine Deneuve como nova mulher. Maravilhas do cinema.

O que me marcou naquele filme foi a coragem do protagonista de abandonar uma vida que detestava. Acho que esse é um desafio para qualquer um que queira ter uma vida menos idiota. Para tal, é necessário olhar a vida como ela é ao invés de se enganar e enganar os outros. O nome desse filme é *O selvagem*.

Outra referência na filosofia que me marcou sobre o significado de ser selvagem foi o personagem "o Selvagem" do grande romance *Admirável mundo novo*, de Aldous Huxley. O personagem irrompe no admirável mundo científico da felicidade programada. Sua trajetória, infeliz, é aquela da tragédia da liberdade num mundo obcecado pelo progresso científico da vida feliz: é destruído. Este é o mundo em que vivemos: povoado por idiotas que comandam o mundo sob a tutela de sua obsessão pela felicidade científica calculando suas calorias.

Adiciono Nelson Rodrigues, um filósofo selvagem, a esses dois selvagens para compor minha filosofia selvagem. Só uma filosofia selvagem se dá ao luxo de dizer a vida como ela é.

O método

Este livro foi escrito sem um método, sem nenhuma intenção que não seja pensar livremente a partir de Nelson Rodrigues. Aliás, como deveria ser a filosofia real, e não esse cadáver formal que oferecemos ao mundo. Uma filosofia selvagem tem a competência da filosofia acadêmica, sem seu medo. Descartes, filósofo francês do século XVII, dizia que método é uma confissão de humildade. Eu desisti do método por preguiça. E porque conheci muitos canalhas metódicos. Estranhamente, isso me libertou. Sou vítima de muitas manias, mas essa perdi: ter um método.

Talvez eu esteja envelhecendo. Espero fazê-lo bem. No mundo da tecnologia e do sexo fácil, talvez este seja um dos maiores desafios: envelhecer em paz, perder tudo, começando pelo corpo e pela alma. Filosofar é aprender a morrer, diziam os estoicos, e eles tinham razão: enquanto não perdemos o medo de perder tudo, não começamos a viver.

Cansei de ter um método e talvez por isso o leitor, ingênuo, pense que deixei de ser filósofo. Eu penso o contrário: tornei-me filósofo quando desisti do método. Estou livre. Não quero ser entendido por ninguém. Não tenho nenhum interesse especial pelo mundo além de nele habitar algumas das poucas pessoas que me importam e das quais necessito para viver.

Não quero salvar o mundo de coisa alguma e desconfio de quem o quer. Ao leitor apenas tenho a oferecer minha preguiça e minhas preferências. Nesse sentido, escrevo como Montaigne, para mim mesmo. Falo com meus fantasmas. Escrevo à medida que leio Nelson Rodrigues, assim como quem medita sobre a maior forma de alegria, aquela de dizer apenas o que se quer dizer. Parodiando outro gênio da literatura, Nikos Kazantzákis, não espero nada ao escrever, não desejo nada ao ser lido, sou livre. Elevo minhas meditações acima do pântano, na esperança de superar a "misericórdia da mentira". Se o homem é um desconhecido, como dizia Nelson, escolho tornar-me cada vez mais desconhecido.

Uma última palavra sobre método: Nelson costumava dizer que, sem suas repetições, não era nada. Por isso vou me repetir à exaustão, porque sei que, sem repetição, não lembramos nada. Não me ocupo aqui do seu teatro, mas principalmente de seus ensaios diários, de sua pequena filosofia selvagem do cotidiano e de suas obsessões acerca do desejo, do pecado, dos idiotas, dos canalhas, das adúlteras, dos infelizes, ou seja, da sua anatomia da alma em prosa jornalística.

Uma filosofia do senso comum

De certa forma, tenho um método, aquele do senso comum. Parafraseando o grande livro de Luís de Gusmão, *Fetichismo do conceito* (que, por sua vez, segue de perto os conceitos do filósofo britânico Isaiah Berlin), não quero me perder na abstração de mentir sobre a realidade usando uma parafernália teórica.

Como Nelson, não acredito que, para filosofar, seja necessária uma ruptura epistemológica (termo usado por Luís de Gusmão) com a linguagem do senso comum, pelo contrário. Assim como ele dizia que em cada subúrbio carioca existiam dezenas de Annas Kariêninas e Emmas Bovarys, a vida como ela é está saturada de filosofia.

Por que Nelson Rodrigues?

Sou um ex-covarde (sou torturado pela sensação da precariedade da vida, por isso, desisti de ter medo), esta é a primeira razão para escrever este livro de meditações rodrigueanas para o dia a dia, assim como antigamente monges em desespero por seus pecados gemiam sobre livros sagrados.

Minha intenção é, antes de tudo, demolir qualquer sistema que cubra a alma humana, fazendo-a parecer o que não é. Muitas vezes, a melhor forma de falar da alma é falar do corpo, e Nelson foi um mestre na sabedoria de que o corpo é a verdadeira janela da alma.

Descobri que o medo é a principal razão de não sermos capazes de olhar para o mundo. E, lendo Nelson, encontrei um modo de meditar sobre meus pecados (não uso essa expressão, necessariamente, como conceito religioso) e deles fazer minha filosofia mais pessoal.

Ao mesmo tempo, temo que falte entre nós, apesar de excelentes livros já escritos sobre Nelson, um livro que o coloque ao lado da tradição espiritual ocidental, aquela tradição que pensa o homem como um ser sempre à beira da morte, sonhando com o amor (Nelson costumava dizer que sua obra era sobre o amor e a morte...), buscando em meio à escuridão uma forma de ver melhor seu próprio rosto. Quando Dostoiévski dizia que "a beleza salvará o mundo", ele queria dizer esta beleza: a beleza que só surge depois da morte da mentira. Não há nada de belo nessa demolição, mas, possivelmente, no espírito que nasce dela.

Este não é um livro sobre Nelson Rodrigues, mas um livro a partir de Nelson Rodrigues. Tomando-o como um ensaísta, na esteira do brilhante trabalho de Luís Augusto Fischer, *Inteligência com dor: Nelson Rodrigues ensaísta*, discutirei algumas das grandes intuições rodrigueanas para fazer minha filosofia muito pessoal. Aliás, como diria o cético francês Montaigne no século XVI, o criador da forma ensaio, não me interessa fazer metafísica, mas apenas *minha* metafísica. O leitor poderá fazer uso dela, mas ele, o leitor, não me interessa, ou apenas me interessa num sentido muito específico: como parceiro. Escrevo para não me sentir só. E nesse sentido, nesse sentido específico no qual a solidão é nossa substância, minha e de meu leitor, descrevo aqui o cenário da minha filosofia rodrigueana, uma filosofia selvagem. Apenas almas que se sabem parceiras da adúltera e do suicida me importam. Às outras, desejo que fiquem mudas, em silêncio, como que diante de um santuário.

Nelson Rodrigues por várias razões. Filósofo, sociólogo, teólogo, cientista político, além de dramaturgo, jornalista e escritor de romances, Nelson merece constar na lista dos pensadores brasileiros mais originais. Mas essas são razões, digamos, "exteriores". Mais importante do que isso, Nelson fala do que não queremos saber acerca da alma humana, e nesse sentido ele é um moralista no sentido mais preciso.

Em filosofia, moralista significa alguém que disseca a alma. Não por acaso, Sábato Magaldi o chamou de jansenista. Jansenistas foram agostinianos franceses do século XVII, entre eles, Pascal, La Fontaine e Racine, que pensavam o ser humano como necessariamente dominado por uma natureza pecadora, diríamos hoje "uma natureza psíquica". Vítimas da herança maldita de Adão e Eva, homens e mulheres arrastariam pelo mundo uma razão submetida a uma vontade orgulhosa, violenta e obcecada pelo sexo e poder. Desejosos de amor, mas incapazes de vivê-lo ou mesmo vê-lo. Cegos e autômatos, caminhariam pela Terra deixando um rastro de desespero e desencontro com os outros e consigo mesmos. Mesmo que você não acredite em mitos como o de Adão e Eva (na realidade, mitos não são narrativas históricas, mas atávicas), parece-me que essa hipótese tem razoável consistência empírica.

Os moralistas franceses de fato, que ganharam esse nome na fortuna crítica, além do próprio Pascal, foram gente como La Rochefoucauld e La Bruyère. Anatomistas da alma, herdeiros diretos do pessimismo agostiniano jansenista apartado da teologia do pecado original propriamente, esses filósofos da alma descreveram os efeitos do pecado sem a contrapartida de Deus (dissecadores, como diria o escritor Albert Camus, "do pecado sem Deus") e sua misericórdia. E por isso o impacto, muitas vezes, parece pior.

O livro que você tem nas mãos é um ensaio herdeiro dessa tradição.

A adúltera

"Não se abandona uma adúltera."
Nelson Rodrigues, em *Perdoa-me por me traíres*.

Já disse várias vezes que o segredo do mundo se encontra entre as pernas das mulheres. Claro, exagero. Mas nem tanto assim. Para quem gosta de mulher, parte da vida se resume aos seus movimentos pélvicos e sua saliva. E seus tédios. Mas, ainda assim, se visitarmos a mais radical visão evolucionária da pré-história humana, veremos que grande parte da vida em bando, seus afetos (base da relação entre moral e religião, porque base fisiológica e psicológica de ambas), suas guerras, suas festas e protoinstituições encontram sua ancestralidade funcional no calor úmido entre as pernas das mulheres. O afeto feminino é úmido e quente. No entanto, pra mim, esse fundamento científico pouco importa, não faço ciência aqui e quase nunca.

Onde nascem os famosos sistemas de parentesco, de que falam os antropólogos, se não entre as pernas das mulheres? Dirão que sou sexista porque, afinal, as mulheres não geram parentesco por elas mesmas, mas com os homens. Pode ser, mas os homens pouco me importam, talvez porque desde muito cedo percebi que as mulheres são deliciosas e cheirosas, e tudo que penso nasce de sensações.

Desejo é escravidão e temperamento é destino. Como diria o cético escocês David Hume no século XVIII, *"knowledge is felling"* (conhecimento é sentimento). Com o tempo, o temperamento se transforma em caráter. Faço filosofia sobre o que está entre as pernas das mulheres porque gosto de estar entre as pernas das mulheres, e não por alguma razão histórica defensável, apesar de que, como disse acima acerca da teoria evolucionária, acho possível sustentar minha máxima "o segredo do mundo se encontra entre as pernas das mulheres" com alguma cientificidade, apesar de desprezar esse tipo de fundamentação. Minha simpatia pelo darwinismo é antes de tudo devido ao seu caráter dramático, e não científico. Ou melhor, seu caráter estético. O fato de ele ser científico, para mim, apenas aprofunda sua natureza operística.

Posso me perder imaginando uma bela mulher que pertence a outro homem, de joelhos, sendo uma amante infiel. Pedindo pelo amor de Deus para não a levar a fazer o que ela quer, mas sentindo-se culpada por querer. Talvez chore e trema, como de costume, quando a culpa segue sua fisiologia.

A culpa e o pecado são os maiores aliados que existem do desejo, e nesse sentido Nelson está muito além da estupidez contemporânea que pensa, erroneamente, que "sexo livre" dá tesão. É da natureza feminina desejar o que "dói". E também, como dizia Nelson, a prostituição não é a primeira profissão do mundo, mas a sua vocação mais antiga. E essa vocação é a de desejar ser objeto do homem que a possui, seu dono (mesmo que simbolicamente e por algum tempo). Mas essa vocação não significa ausência de sofrimento ou de contradição: pelo contrário. É a contradição que a deixa tão desejável em sua incapacidade de controlar seu ímpeto de infidelidade. E se tornar uma adúltera. Essa contradição assume a forma de suor líquido, gosto, cheiro, gesto, gemidos, restos, enfim, tudo aquilo que constitui o segredo da vida entre as pernas das mulheres. E o desejo escorre pelas pernas. A adúltera revela o fracasso de toda moral porque a interdição apaixona. Tornar-se objeto, coisa que se deixa mandar.

Mas a adúltera na obra de Nelson é mais do que isso. Ela é um de seus arquétipos essenciais para representar a condição humana. Aliás, Nelson também via as mulheres como objeto intenso de desejo e reflexão. Não é por acaso que, quando Nelson fala de suicídios, homicídios e enterros, diz que, quando o morto era uma mulher, tudo era mais dramático, interessante e intenso para ele. Suspeito que uma das razões para esse fato é ser ele um heterossexual, e por isso mesmo alguém que via parte do mundo e da vida mediado pelo que há entre as pernas das mulheres.

Sexo é destino, apesar de alguns quererem brincar dizendo que não, porque querem ter o sexo do outro. Mas, ainda assim, é o sexo que é destino, neste caso, o sexo errado.

Pensar através da adúltera é, antes de tudo, uma confissão de desejo pela mulher na sua condição de filha de Eva, aquela primeira infiel.

Os ensaios deste livro foram escritos sob o signo da adúltera: são as confissões de um desgraçado que luta constantemente para não se perder no próprio desejo e em suas inconsistências. A filosofia selvagem brota desse combate e do medo que me acompanha o tempo todo.

Por que não se abandona uma adúltera?

Em *Perdoa-me por me traíres*, o marido, que afirma que não se abandona uma adúltera, representa a clássica posição de Nelson de que sexo demais é falta de amor. A tese supõe que a mulher trai porque não é amada. Será verdade? Acho que não. Essa hipótese de Nelson fala de sua idealização do amor. Ela, a adúltera, seria vítima, e não culpada, por isso o marido pede perdão a ela por ela o ter traído, invertendo a lógica da frase.

Não há dúvida de que, para Nelson, somos seres capturados numa armadilha interior: desejamos um amor ideal, mas ele não existe. Como não existe, caímos em desgraça inevitavelmente, daí decorre tudo o mais. Uma das piores formas dessa idealização do amor é seu mal infinito: queremos sempre mais e, quanto mais queremos, mais dependentes e inseguros ficamos. Ciúmes, delírios de traição, impotência de controlar o outro. Por isso, a adúltera representa o necessário fracasso de um animal atormentado por um desejo de amor sempre impossível. O pecado moral nasce dessa vontade esmagada.

Não importa o que você fizer: quanto mais amar, menos "bem resolvido" será. Mas a indiferença apodrece. Por conta disso, sem o tormento do amor, você apodrece – por isso só os neuróticos verão a Deus. Ou nos angustiamos ou apodrecemos, dizia Nelson.

O amor só se resolve quando morre ou quando vira amizade. Esse núcleo básico, que é dramático em sentido dramatúrgico e dramático nos sentidos filosófico e psicológico (porque descreve uma natureza humana em contínuo conflito consigo mesma, o que aproxima Nelson de Freud), inviabiliza qualquer noção de afetos corretos. Nossa era, tomada pela crença idiota na solução política e ideológica de tudo, parece não entender esta aporia – doença que ele identificou no Brasil no final dos anos 1960 e, por isso, dentre outras razões, foi chamado de reacionário. Há uma desordem afetiva no ser humano que todo mundo experimenta e, por isso, é necessário mentir, muitas vezes como ato de misericórdia. "Mintam, pelo amor de Deus", porque a verdade é insuportável.

O autoconhecimento é uma forma de tormento. A tradição espiritual cristã é marcada pela consciência de que conhecer a si mesmo é, antes de tudo, um ato de autoimolação.

Nossa fragilidade ontológica pede a mentira como modo de sociabilidade e sensibilidade pedagógica. Mas o que no plano da convivência é uma necessidade, no plano do pensamento é uma traição, por isso Nelson se dizia ex-covarde. Há que dizer a verdade, pelo menos como forma de reconhecimento de nossa miséria e abandono.

Já em sua infância, Nelson conheceu uma adúltera. Uma vizinha. Conta ele como a viu num desfile de carnaval ao lado do marido traído. Dois infelizes. O rosto dela carregava a marca do fracasso e da vergonha. Linda como uma morta. O rosto dele trazia o peso do homem que não consegue deixar de amar sua adúltera, e que também é punido por todos. Noutro relato, Nelson conta como uma jovem belíssima e recém-casada foi chamada à casa de um vizinho milionário, mais velho, que tenta seduzi-la com um colar de pérolas. Ela recusa, ofendida, e reafirma sua fidelidade ao marido. Quando o marido chega em casa, ela conta a ele o ocorrido. Ele, pra surpresa da infeliz, condena seu ato ingênuo de fidelidade e diz a ela que não se recusa um colar de pérolas assim. As vizinhas todas concordam com ele. Ela, então, volta à casa do milionário e traz o colar de pérolas, e o joga na cara do marido, que fica paralisado. As vizinhas todas, com a certeza tranquila do bando, gritam: "cachorra, adúltera".

Condição humana
antes da condição social

A mania de dizer que o homem é um animal social desculpa tudo e é uma opinião falsa. Não quero desculpas. Essa ideia (de que o que importa no homem é o que é condição humana, e não social) é do dramaturgo romeno Ionesco, que, assim como seus conterrâneos Cioran (filósofo) e Eliade (historiador das religiões), não tinha nenhuma vocação para as brincadeiras ocidentais de achar que o homem se inventa ou muda alguma coisa apenas porque veste roupas modernas.

Assim como dizia Nelson, prefiro os subdesenvolvidos. Há algo de preciso na arte da Europa Oriental (refiro-me aos romenos, aos russos, a gente como o cineasta polonês Kieslowski) que escapa aos ocidentais, não porque não haja grandeza nestes também. Mas suspeito que a Europa Ocidental crê demais em suas modas intelectuais, e por isso acaba se perdendo em festas e coquetéis caros e sofisticados sobre "o contemporâneo", esquecendo-se do que importa: a condição humana não é passível de ser modificada pelo marketing, coisa que os teóricos ocidentais, como Rousseau, Marx e Foucault (grandes marqueteiros), parecem crer quando deliram com a ideia de que basta querermos conhecer o mundo e que devemos, sim, mudar o mundo. Eu, assim como Nelson, prefiro ficar do lado dos subdesenvolvidos (que nada têm a ver com ignorantes ou incapazes), pois eles não se encantam com a moda justamente porque sofrem demais, e o sofrimento, como disse Nelson várias vezes, é um caminho seguro para deixarmos de ter medo. Em Nelson, o sofrimento é condição de possibilidade do conhecimento, diria eu, kantianamente, é condição epistemológica.

Crer que tudo no homem é condição social e histórica é ser vítima da moda, assim como crer que as redes sociais vão criar um novo homem.

Sofrimento

Em Nelson, todos os personagens sofrem. Os homens, porque são traídos; as mulheres, porque gostam de ser maltratadas para se sentirem amadas. O sentido de se angustiar ou apodrecer, oposição que define a estrutura da psicologia rodrigueana por excelência, é este: sofrer nos garante a condição de sermos humanos. Não se trata de um masoquismo mórbido, mas de algo mais próximo da ideia do romeno Cioran quando este dizia que a dor emancipou a matéria do sonambulismo do átomo e fundou a consciência.

Mesmo quando Nelson fala de seus sofrimentos familiares, percebemos que há no respeito pelo sofrimento algo que o tirou da covardia e da condição de sonâmbulo na vida porque o fez sentir o quão urgente é dizer a verdade num mundo que optou pela "festiva" como modelo de vida e de conhecimento. Seu horror à esquerda festiva não era apenas político, ou por outra (como escrevia ele), nem era político ou quase nada político: era espiritual. Tudo que é apenas político não é sério.

No fundo de um drama político há um drama moral ou religioso, como dizia Russel Kirk, grande historiador de ideias conservadoras. Assim também é em Nelson. Quando vira apenas política, é porque desidratou aquilo que ali era uma verdade mais profunda.

O miserável tédio da carne

Ela temia que ele não a procurasse, disse-me, certa feita. Entre lágrimas, molhando seu rosto, envergonhada porque todas as suas amigas bem resolvidas a condenariam por essa tristeza, prova de sua imaturidade ideológica. Sei que tudo isso é bobagem. O novo moralismo, filho da esquerda festiva, diz que, se você gosta de apanhar, é porque é uma mulher machista. Antes a acusariam de pecadora, agora, de reprimida e machista. A festiva virou o puritanismo secular de hoje. O feminismo é a nova forma de repressão da sexualidade feminina, e logo será de toda forma de sexualidade.

Em Nelson, nunca existe espancamento de mulher, mas bofetadas desesperadas entre casais que se amam e mulheres que pedem para ser violadas, como a bonitinha, mas ordinária, que gostava de ser chamada de cachorra. A pobre loira ficava em pânico imaginando seu corpo virando poeira com a idade. Por isso, decidiu ser fácil e transar com todo mundo "como um homem", segundo ela. E pediu para apanhar. Caiu no tédio da carne (nela, dolorida), aquele tédio típico de quem acredita que o desejo seja a chave da vida bem-sucedida.

Talvez um dos maiores insights da obra rodrigueana seja sua percepção de que o corpo, enquanto desejo, é um órgão do tédio. Ao contrário do que os sacerdotes da imbecilidade contemporânea afirmam, a realização do desejo não resolve o problema essencial do vazio do corpo. Não se trata do vazio da alma, tema conhecido pela tradição existencial da filosofia, mas do vazio do corpo, este menos conhecido da humanidade pós-medieval. A questão nos leva ao coração da ideia antiga de pecado, tão humilhada nos últimos tempos, mas nem por isso menos verdadeira.

Como já disse, assumo pecado aqui, antes de tudo, como conceito psicológico, e não teológico. Não por vergonha de soar teológico (a teologia é muito superior à psicologia como compreensão do homem, veja que basta usar o vocabulário teológico em seus filmes, refiro-me ao Lars von Trier, que tudo fica mais dramático do que se fosse uma mera tara de consultório), mas para dizer que nem precisamos ir tão longe pra entender o que eu quero dizer com pecado. O corpo é o lugar do tédio porque nos leva ao limite da validade do gozo, contra as modinhas que pensam a vida como uma idiota balada. Confiar no desejo do corpo é como pensar que, porque temos sede, podemos beber água o tempo todo como "sentido da vida".

Nelson, ao levar seus personagens à escravidão desesperada do desejo, ilumina como ninguém o beco sem saída de um corpo "liberto" das amarras morais. E, no caso das mulheres, o corpo geme de desejo de sofrer na carne as marcas de seu gozo. O gozo de sua tara pela submissão em silêncio e em vergonha. O problema com o desejo de apanhar não é apenas o risco da dor, mas o fato de que nem o "vagabunda!" que acompanha a bofetada dissolve o tédio de quem resolveu apanhar da vida "sem medo de ser feliz".

Devemos ter medo de ser feliz.

O destino cego de um belo seio

Engraçadinha, personagem de *Asfalto selvagem*, tinha seu destino selado pelos belos seios. Pouco importa o que uma mulher fizer, sentir ou pensar: seus seios definem sua vida. Não é por acaso que plásticas nos seios salvam vidas.

Alguém poderia acusar Nelson de reduzir a vida da mulher ao seio. Claro, existem outras coisas numa mulher que a definem: pernas, boca... Anos de terapia podem ajudá-la a ser algo mais do que isso. Grande parte do gemido pela emancipação feminina é um gemido de alguém preso ao destino de ser um corpo.

A vida definida por um seio significa um enorme espaço para a contingência, o que normalmente nos horroriza: afinal, quem diz quem deve ter um belo seio? Um homem, como em *Meu destino é pecar*, pode ser um desgraçado porque tem uma voz horrível. Seria exagero dizer que alguém não pode ser amado porque tem uma voz feia? Não creio. Num detalhe miserável como esse, Nelson revela os pormenores de nosso fracasso. Um outro homem destrói seu casamento porque faz barulho quando toma sopa, personagem de um conto de *A vida como ela é*. A outra pode se perder porque tem a mesma mania de perfumar seus braços e pescoço que a mãe, mulher que gostava de ser vagabunda. Mãos iguais entre as mulheres de uma família, como em *Senhora dos afogados*, podem definir a infelicidade de várias gerações.

A mãe da filha aleijada por acidente passa a vida se culpando porque, quando grávida da filha, se deixou beijar por um homem que não era seu marido, por apenas um instante de fraqueza, sem nenhuma outra consequência. Uma ideia fixa aqui tem o peso de um traço físico, ocupa o mesmo lugar no espaço. A vida circula entre marcas indeléveis, que podem ser físicas ou "históricas". Ou seja, algo aparentemente sem importância salta à frente da cena como traço da alma submetida ao corpo – o beijo na boca do homem proibido, por um minuto, destruiu a vida da filha pra sempre.

Como diria Pascal, "com a força de uma mosca", tais detalhes cobrem a vida sem pena. Nelson tem absoluta consciência de que descrever a alma é descrever o corpo. A alma de uma mulher de belos seios não viverá à revelia desses seios e do que o mundo fizer com eles. Tampouco a alma do homem de voz feia sobreviverá a esse detalhe físico banal. O que dizer de um homem impotente? Por isso, o Viagra é mais importante do que duzentos anos de marxismo.

Nesse sentido, Nelson elimina qualquer delírio de autonomia da alma ou da vida psíquica com relação ao determinismo do corpo. Sua psicologia coloca a alma na sua justa gravidade, aquela de quem sofre o efeito de ser de carne e osso. O peso da carne, de sua beleza ou de sua fealdade, impede o espírito de ser outra coisa além de um ser perdido no próprio corpo. A luta espiritual, aqui, não é uma batalha de deuses e demônios, mas uma luta pequena e invisível encenada na mesa de jantar da classe média-baixa carioca, uma luta contra fazer barulho na hora de tomar sopa, porque o fracasso nessa luta implica a perda do amor da esposa. Alguém pode se perguntar se seremos tão banais a esse ponto? A resposta é: claro que sim. A maior parte de nossas lutas são desse teor, e não contra bandidos que querem destruir o mundo.

Mil vezes mais um seio será nosso destino do que uma ideia de bem ou mal. A moral passa pelos seios. A voz feia impede que a alma se mostre bela.

O medo

Nelson se irritava com os pulhas de sua época. Mas, num movimento de identificação das causas, ele fala do medo em toda parte. Medo dos filhos, dos alunos. Medo nas redações, nas igrejas, nas famílias. Mas medo de quê?

Medo de que nos chamem de reacionários. Medo de que não gostem do que pensamos. No limite, Nelson vê a mesma doença que a escritora portuguesa Agustina Bessa-Luís viu. Em nosso mundo contemporâneo, o espírito só quer agradar e mais nada, segundo ela, numa afetação infantil: crianças querem agradar porque percebem sua fragilidade. Temos medo porque somos frágeis. Somos mesmo frágeis, por isso ser um ex-covarde nos termos de Nelson é não ter medo de sofrer. Esse problema ético é essencial, porque ele define de forma direta a relação entre conhecimento e coragem, virtude rara na classe intelectual, feita de gente pouco capaz de enfrentar riscos, de fato.

Nelson percebeu um grande problema "epistemológico" e ético. Quanto mais medo, mais mentimos. E Nelson fala de um medo quase invisível, aquele que todos que querem agradar e serem amados têm. Com o advento do adulto retardado como modo de vida (o retardamento é um modo de enfrentar o medo), os idiotas sobre os quais Nelson tanto falava, inverte-se a ordem, e os alunos passam a dominar os professores, e os filhos, a dominar os pais. O mundo assume a face do jovem boçal, que finge saber alguma coisa além da balada de fim de semana. Jovens que não gostam de arrumar o quarto convencem todo mundo de que devemos "rearrumar" o mundo. Quem sabe, no novo mundo, os quartos se arrumem sozinhos.

Uma das coisas das quais Nelson mais tinha medo era de ser condenado pela esquerda de sua época (o sujeito preferia que lhe xingassem a mãe a lhe chamarem de reacionário). Esse medo não passou, ainda que hoje a questão seja mais diluída, porque existem várias formas de esquerda, mas a patrulha ideológica permanece: a esquerda verde; a esquerda da defesa dos animais (é estranho que normalmente quem defende os animais defenda o aborto, assim como quem come um pedaço de pizza); a esquerda que recicla; a esquerda psicanalítica (que casa Lacan, Adorno e Foucault); a esquerda do politicamente correto, que quer quebrar a espinha dorsal do debate público, fazendo todo mundo ter medo de falar, escrever e pensar; a esquerda feminista, que quer todos os homens castrados; a esquerda gay, que acha que todo mundo é gay; a esquerda inteligentinha, que toma vinho chileno; a esquerda espiritualizada budista ou latino-americana católica; enfim: a praga só piorou de lá pra cá.

O que caracteriza essas pessoas é sua solidariedade abstrata pelo sofrimento humano. Preferem ideias ao sofrimento real. Nós, que vivemos no início do século XXI no Brasil, sabemos que a esquerda, apesar do sofrimento de alguns poucos, saiu vitoriosa da ditadura, dominando as instâncias de razão pública em larga escala, passando por tribunais, escolas de magistratura, universidades, escolas, mídia etc. A esquerda é uma falsa vítima e uma falsa virtude. Nelson percebeu como ninguém o mau-caratismo da esquerda e sua moral abstrata.

Os canalhas se amontoam por todos os lados, entre eles, o canalha institucional. Conhecemos na obra de Nelson o canalha magro, o Palhares, que morde o pescoço da cunhada caçula no corredor. Mas este, ex-católico, recém-marxista em seu tempo, é menos pior do que o canalha institucional. Este fala sempre no coletivo, esmaga todos à sua volta, cuspindo regras e decisões coletivas cujo objetivo é apenas se esconder de seu medo maior, sua mediocridade individual. O enfrentamento indivíduo-indivíduo é seu maior medo, porque sua individualidade é nula. Ser indivíduo é um ônus que poucos suportam. Desde o Renascimento, e de sua propaganda de que todos os homens são indivíduos, o fracasso da recém-individualidade (como diz o filósofo inglês Michael Oakeshott) se espalhou por toda parte, e os verdadeiros indivíduos são caçados como lobisomens por todos os lados pelas artimanhas dos canalhas institucionais, verdadeiros inimigos de qualquer coragem criativa no mundo. E o socialismo adora a covardia, porque sempre anda em bando.

O jovem

Nada pior do que o poder do jovem. Nelson conta em várias colunas suas que mães são espancadas pelos filhos, num claro excesso estilístico, comum em sua obra, que visa descrever um evento moderno: a razão da idade.

Os jovens sempre têm razão porque são jovens, e com isso se destrói a própria possibilidade da juventude, que é se enganar e pedir desculpas pela falta de experiência de vida. De Nelson para cá a situação só piorou. Psicólogos, sociólogos, filósofos, pais e mães, padres, todos temem o jovem. Justificam-no em sua ignorância normal de jovem. Mães que querem aprender com as filhas, deixando estas ao sabor do desespero do envelhecimento. Toda mãe que quer parecer a filha mata o futuro da filha, mostrando que ela será uma ridícula como a mãe o é agora.

O discurso da morte da família é o discurso da morte da juventude. A invenção do direito de ser jovem inaugura o direito da imaturidade como lei no mundo. A única possibilidade de alguém ser jovem é que alguém o diga que está errado, que nada sabe. Por isso, Nelson repete várias vezes que, quando indagado sobre o que teria a dizer aos mais jovens, ele dizia: "envelheçam". Mas, quando envelhecer é apodrecer (como em nossa época, em que todos querem ser jovens para sempre), não há futuro para os mais jovens. A criação do "jovem" como conceito revolucionário é a pior coisa que aconteceu ao próprio jovem.

Mas se você disser a um sociólogo que isso tudo é um horror, ele dirá: "um sociólogo não se espanta" (Nelson acusava os sociólogos de serem estúpidos, porque não se espantam: neles, a "idiotice da objetividade" se revela maravilhosamente), porque tudo isso é estatística. Há muito sabemos que as ciências sociais são uma das armas mais importantes da canalhice e do niilismo (claro, em seu mau uso). Mas seu pior não é o niilismo mesmo que produz, mas sua afetação moral de se dizer humanista. A falta de espanto nas ciências sociais não é marca de sua objetividade verdadeira, aquela que devemos buscar quando queremos conhecer o mundo, mas de sua falta de objetividade de perceber seu justo lugar no mundo: a de ser produtora de um niilismo "cientificamente" fundamentado.

A amante espiritual de Che

Quem seria essa amante hoje? A amante grã-fina de Obama. A personagem rodrigueana, presente em suas festas de grã-finas de nariz de cadáver, num dado momento o levava a contemplar seu ídolo: Che Guevara. O marido, com sua cara de corno espiritual, suspira. Hoje essa mulher é a esquerdinha que recicla lixo e que se diz preocupada com as vítimas da ditadura, mas que no fundo é uma incompadecida de fato. Incapaz de sofrer por qualquer que seja um ser humano real, ela suspira pela injustiça social do alto de seu apartamento nos Jardins. Provavelmente gozando mal, como todos nós, ela sonha com uma revolta que no fundo não sente.

Ser amante espiritual de Che é, na realidade, uma das marcas de mulheres socialmente emergentes (uma emergente continua sendo emergente mesmo depois de ter emergido), que perceberam que fingir que sofrem pela injustiça social é uma das marcas de pseudossucesso econômico, assim como uma Prada ou Louis Vuitton falsa. Em seu mais alto momento de glória, ela afirma sua fé numa educação "cultural" para os mais jovens.

Sexo nos berçários

Este é o título de uma das colunas de Nelson na coletânea *A cabra vadia*. O tema é sua conhecida crítica à educação sexual. O canalha Palhares aprova a educação sexual porque ela fabrica meninas fáceis. Sua adesão ao socialismo é parte essencial de sua adesão à socialização do corpo das meninas de família. Mas Palhares, pelo menos, confessa.

Hoje em dia, e Nelson já percebia isso, a verdade comove quando se manifesta, como diz um amigo meu católico, um grande pecador, como todo católico decente deve ser. Nelson conta a história de uma escola "pra frente" de freiras em São Paulo. Para ele, São Paulo parece representar o desenvolvimento de forma mais clara do que o Rio, com sua vida suburbana atrasada e seus canalhas de praia. Na escola de freiras de São Paulo, as freiras ensinam que sexo é normal como beber água. Desde os quatro anos de idade as meninas aprendem, com figurinhas, como fazer sexo.

Para Nelson, e ele acertou em cheio, quanto mais sexo livre, menos amor e mais tédio da carne. De alguma forma, o sexo sem constrangimentos morais parece perder o afeto. O homem bate mais em mulher livre. O afeto parece ser mais função dos impedimentos do que das liberações. Já em sua crítica ao feminismo e à pílula, Nelson parecia notar que a revolução sexual nos levaria a um descaso maior com as mulheres. Mulheres fáceis são mais facilmente descartadas, tanto pelo tédio que elas causam quanto pelo fato de que elas podem pagar o motel. Seu crioulo da Grapette (seu grande arquétipo do tédio masculino da carne) e seu descaso com as gostosas de biquíni em Copacabana já revelava sua intuição do efeito da nudez repetitiva: os sentidos humanos parecem ficar embotados com a nudez evidente assim como nós, quando bebemos água demais. A falta é que encanta a sede, e não a água em abundância. O que prova a estupidez das freiras modernas quando comparam o sexo com sede: o que elas não parecem entender é que mesmo a sede tem seus mistérios.

Sua crítica à educação sexual nas escolas é um de seus temas mais controversos e está intimamente associada à sua recusa ao desenvolvimento como uma grande ciência cujo método é a estupidez (o idiota da objetividade é esse "cientista"). Não é à toa que o desenvolvimento aparece associado a São Paulo e à Suécia, dois parâmetros de desenvolvimento para Nelson que causam solidão ("não há solidão maior do que almoçar com um paulista" e "na Suécia é difícil achar um ser humano"). O desenvolvimento embota o ser humano de alguma forma, suspeita romântica clássica. Quando ele compara o sexo livre a sexo entre gatos no telhado e diz que a educação em humanos deveria ser para o amor, e não para o sexo, é porque, para Nelson, o centro do humano é a fúria do amor e do desejo ("o desejo pinga"), e o sexo é a forma como a alma amorosa se faz real no mundo. Deliciando-se, tornando-se escrava do objeto de amor e desejo, enfim, traindo sua independência e confessando sua dependência.

Por isso, a mulher gosta de apanhar: o amor aí é mais real do que a indiferença de quem parece nunca perder a cabeça de desejo. O gosto da mulher por apanhar em Nelson é uma de suas marcas românticas mais profundas. O homem, na mulher, se perde. Gostar de apanhar faz a mulher escapar do tédio da carne.

A crítica à ideologia

Na coluna "Caça-níqueis", Nelson conta como Palhares, seu grande canalha ("todo canalha é magro"), de católico virou marxista e professor de educação sexual. "É preciso, de vez em quando, mudar de Cristo." Ser católico já não o ajudava a comer meninas, ser marxista, sim. Para além da moda aqui em questão, o que Nelson percebeu foi o fato de que os educadores sexuais, se é que podemos usar este termo, o são por interesse pessoal (ou ideológico, mas fazer algo por razões ideológicas é fazê-lo por interesse pessoal, principalmente se for com a intenção de "mudar" a ideologia de alguém). Nelson aqui faz a crítica mais contundente que conheço à ideologia como causa da ação educativa: não existe "causa ideológica", a não ser como desculpa para se fazer o que se quer fazer dizendo/fingindo que se faz em nome de um mundo melhor.

Quais taras passam pela cabeça de alguém que dá aulas de educação sexual? Qual mundo acha que deve existir? Com quem as crianças devem transar? A figura de Palhares em sua "ingênua" intenção de dar aulas de educação sexual para meninas, para poder comê-las, preconiza o que de fato toda a ciência do sexo contemporânea é: canalhice a serviço do interesse e da visão de mundo (do sexo) que o "teórico" tem e nada mais. Se sou gay, quero que todos experimentem sexo com o mesmo sexo;

se sou feia e azeda, digo que a beleza feminina é opressão; se não transo há séculos, condeno o caráter erótico normal das relações entre homens e mulheres como assédio.

Da intenção "ingênua" de Palhares, que pelo menos era canalha confesso, se fez todo um edifício pseudoteórico a serviço de muitos canalhas inconfessos.

Da necessidade do apoio dos cretinos

A ideia de que os idiotas venceram é clara em Nelson, em sua descrição largamente conhecida: os idiotas nasciam, cresciam, comiam, reproduziam, babavam na gravata e morriam. Com a democracia, descobriram que são maioria, e o mundo acabou.

Há clara aqui não apenas uma crítica à soberania política na democracia – que repousa no "povo" ou na "vontade popular" –, mas também uma crítica mais profunda: a ideia de que a democracia aperfeiçoa as relações entre os seres humanos e mesmo sua produção de conhecimento e consciência. Há um embrutecimento do homem na democracia porque ele se descobre parte dos idiotas ou vítima deles. Quando você é maioria, nunca precisa se preocupar com nada que faz uso dessa "quantidade". A democracia é a força feroz do bando erguida à categoria de elegância política.

Em seus conhecidos comentários sobre o maio de 1968 na França, Nelson é ainda mais duro com esse movimento do que com a Revolução Francesa, que pelo menos espirrava sangue pelo chafariz, como signo de verdade, ainda que infeliz. Ser sangrenta parece, para ele, ser menos falsa. Maio de 1968 foi uma revolução que terminou em queijos e vinho porque tudo o que os estudantes queriam era comer suas colegas em seus dormitórios femininos. Nelson parece fazer uma diferença entre a revolução original e a festiva, a de maio de 1968. Não é à toa que tanto se escreveu tentando dizer o que movia os jovens então, e a resposta mais provável é simplesmente tédio de menino rico que quer comer as meninas ricas sem ter que dar presente a elas.

A maior verdade das ciências sociais, se elas fossem de fato objetivas, seria dizer que, sem o apoio dos cretinos, não se faz nada hoje. Logo o marketing, a única ciência humana de verdade, criará um marketing dos cretinos para identificar seus desejos mais secretos e, assim, povoar o mundo com sua cretinice científica. Pensando melhor, já estamos lá.

O desejo pinga

O desejo pinga. Essa ideia está por toda obra do Nelson, mas especificamente em *Toda nudez será castigada*. Se você quiser saber onde está o desejo de um homem, olhe suas cuecas sujas. Das mulheres, cheire suas calcinhas. Mais concreto do que isso, impossível.

Geni, a protagonista desta peça, é a prostituta arquetípica de Nelson: sua nudez é castigada até o fim, seja pelo nojo das "cunhadas" velhas, azedas e feias (hoje seriam representadas como carolas feministas, e não carolas católicas), seja pelo enteado gay que, no fundo, a odeia e tem nojo dela (mas por quem ela se apaixona), seja pelo cunhado do novo marido, um Palhares ressentido porque falido. Uma mulher nua só vale se sua alma estiver arrasada pela vergonha e pelo pudor, mesmo que disfarçada em promiscuidade raivosa.

As ciências humanas com frequência discorrem longamente sobre o desejo. Uns dizem que não existe, outros, que é construído socialmente, outros ainda, que é o inferno em si. Quando Nelson diz que o desejo pinga, está descrevendo o modo como o desejo se desprega do corpo e marca o mundo com seu cheiro e sua cor. Sua materialidade dispensa retórica: ela existe dentro da lei da gravidade, e sua gravidade é aquela de tudo que impõe um espaço só seu no mundo. Nelson faz das cuecas e das calcinhas objetos que carregam a verdade da alma. Se ele diz que o amor é eterno e que o amor é desejo, então o desejo pinga para a eternidade. Uma mancha que não se lava nunca plenamente.

A feroz infelicidade

A feroz infelicidade do homem desenvolvido e suas ciências do bem-estar deveriam nos chamar mais atenção. Não há dúvida de que a felicidade sistemática nos faz estúpidos, resta saber o porquê.

Nelson identifica em sua fenomenologia do homem desenvolvido uma brutal solidão, semelhante à da mulher emancipada que, ao querer se libertar do destino marcado pela beleza ou não de seus seios, descobriu que não há nada além deles como alimento de sua alma feminina. Mas esta é uma verdade sublime, para iniciados, apenas aqueles que desistiram de ter medo ascendem a este fato: a feroz infelicidade da solidão da vida desenvolvida.

Mas nossos canalhas institucionais – para Nelson seu supremo exemplo era d. Helder – têm uma relação dúbia com o desenvolvimento porque precisam da miséria para justificar seu marketing social. Como canalhas que são traem o próprio sofrimento da miséria porque vivem dela. Como dizia Nelson, d. Helder tinha urticárias quando alguém queria abrir uma fábrica no Nordeste porque, assim, os miseráveis teriam dentes. O ódio ao capitalismo nada mais era do que o ódio a quem lhe tiraria o pão de seu sucesso (a fome do Nordeste) como canalha institucional do bem social que era.

Nelson demonstra, como sempre, uma sutil capacidade para perceber o desejo escondido, o desejo miserável e triste.

A tragédia da liberdade

Hoje em dia todos andam em bando. Fala-se muito em liberdade, mas trata-se apenas de afetação, assim como o amor pelo passado, que se dissolve quando alguém lembra que no passado não havia celulares nem divórcio.

Odeia-se a liberdade como se odeia um cão raivoso ou uma cadela no cio, quando não é você o macho a quem ela se entrega com o gosto típico da cadela ao ser possuída.

O conforto nos faz andar em bandos. Vivemos numa sociedade do conforto, e não há conforto que faça mais mal do que o da alma. Odiamos e pensamos coletivamente. Desejamos a unanimidade (sempre burra, segundo Nelson) em tudo. Mede-se a canalhice de alguém pela necessidade que tem de ser "institucional". O caráter exige um mínimo de mal-estar para com a vida institucional. Quando alguém fala em nome do coletivo, saiba que se está diante de um mau-caráter. Gente assim não suporta a "dessemelhança genial" que humilha a unanimidade.

Não pode haver liberdade sem tragédia e risco. Com o amor ao coletivo que temos hoje é óbvio que não valorizamos a liberdade. Em meio a seus escombros, a liberdade só revela sua face quando é espancada como uma mulher adúltera. Quando alguém é livre, os outros se sentem traídos. E mais: nada na liberdade é de fato conforto, porque ela encerra em si um tipo de abandono que pode nos fazer merecedores de pena.

O desinteresse pelas mulheres

A morte do pudor acaba por gerar o desinteresse pelas mulheres. Tema clássico em Nelson. Os jovens são os que apresentam esse desinteresse na sua forma mais brutal, segundo nosso filósofo selvagem. De Nelson para cá esse fato se tornou científico: as mulheres gemem sob a bota do desinteresse masculino por elas. Incrível como a revolução sexual e a emancipação feminina tornaram a mulher, de certa forma, monótona e obsoleta. Ao invés de pensarmos a sério nisso, mentimos, principalmente os especialistas, dizendo que isso é "ideologia machista". O "ressentimento contra o sexo, contra o amor e contra a mulher" matou o desejo. Os jovens teriam mais o que fazer do que pensar nelas, mulheres. Ou buscar o corpo delas, justamente no momento em que esse corpo se tornou acessível como um pedaço de pizza.

Só os mais velhos ainda veem interesse na mulher. Talvez, quem sabe, cheguemos ao dia em que uma mulher seja obsoleta como "um espartilho". A mulher tornou-se invisível assim que chegamos à conclusão, graças aos canalhas de gênero, de que ela não existe, mas que é uma construção machista a serviço da opressão. O mundo do sexo se tornou árido como três desertos, e a mulher, descartável como uma barata seca que se empurra para o lado.

Os piores homens são os que mais lucraram com a emancipação feminina porque nunca se preocuparam com as mulheres e agora têm a benção dos tempos modernos e das feministas. A nova repressão sexual da mulher vem da própria emancipação feminina, que impede que ela se sinta mulher diante de um homem com medo de trair sua liberdade para o nada. Não se pode amar e ser livre ao mesmo tempo, Nelson sabia disso.

Do falso desprendimento

Sim, hoje todos têm uma causa. Isso começa ainda na época de Nelson. Principalmente se esta causa mostrar que você é desprendido com o "nosso sistema de vida". Todo mundo é desprendido com o que não custa um tostão. "Vamos desconfiar de um desprendimento que não desembolsa um tostão."
Basta observar o seguinte. A mesma alma canalha que se emociona com as terras indígenas (que não estão em controvérsia com nada que é dela, alma canalha), e berra nas redes sociais pela causa indígena, mata a irmã por causa do apartamento na Praia Grande (quarto e sala sujo). Por quê?
Porque o desprendimento que não gasta um tostão é a moda de nossa época – todos eles são filhos da festiva. Mas, como os homens não mudam porque temos "uma condição" (um filósofo diria, "ontológica", "nossa essência") que nos faz carentes, medrosos e precários (daí nos matarmos facilmente), e não uma condição social que muda com engenharias políticas (Nelson dizia que só falava de política porque era obrigado, faço minhas as palavras dele), o sol se apagará e os homens continuarão a se matar pelo apartamento quarto e sala da Praia Grande, principalmente aqueles que se dizem sensíveis a causas sociais, aqueles que se dizem desprendidos, mas não gastam um tostão com o que sentem. São gente do tipo que Oscar Wilde chamaria

de *sentimentalist*: querem a emoção sem o ônus que ela implica. Ou seja, querem se dizer pessoas implicadas com o mundo, mas o são apenas como marketing pessoal do bem.

Elogios

Uma das maiores provas de que a obra de Nelson está em sintonia com a verdadeira desconstrução da mentira sobre o ser humano, é quando ele conta, inúmeras vezes, que passou o pires pedindo elogios. Que escreveu textos com outros nomes se elogiando. Apenas quando perdeu o medo de não ser amado, deixou de esmolar elogios. Tudo ao contrário do que a cultura idiota da autoestima prega hoje.

Neste sentido, Nelson está mais uma vez muito próximo da espiritualidade cristã que faz a autocrítica da vaidade. Toda a pedagogia contemporânea que centra a vida na busca de ser amado é uma miséria que busca elogios. Ficamos presos nessa armadilha. Nelson ensina que quando não pedimos mais para ser amados é que começamos a virar gente grande. Ninguém preocupado em vencer alcança essa suprema sabedoria da perda de si mesmo. Beira o estoicismo.

Uma mulher interessante

Nem sempre a aluna da PUC era o exemplo da idiota raivosa de costume nos textos de Nelson. Às vezes, ela aparece como a menina de pudor que sumiu como uma morta porque a mulher de pudor não existe, pois todas querem se vender como água suja de poça de chuva.

"O desejo precisa de seu claustro." A beleza é sempre necessária, mas escondida por detrás de sua discrição. As pernas das mulheres são mais lindas quando pressentidas na sua totalidade do que quando expostas ao sol. Por isso, mulheres belas na mídia acabam por nos entediar, assim como todas aquelas que vivem graças à indústria da beleza.

Mas isso tampouco significa que devamos nos esquecer da necessidade da beleza sufocando em definições "cabeça" de mulher bonita. Uma mulher bonita dispensa manuais. O silêncio e a reverência bastam. E o desejo que pinga sobre ela. Se você der sorte.

Quando se esquece que a beleza é melhor vista fora da luz, esquece-se que a beleza exposta dá tédio, e o corpo é o órgão por excelência do tédio. Nele, o tédio não é uma ideia da falta de sentido da vida, é a matéria mesma por onde passam as horas da falta de sentido.

Razão e santidade

A filosofia já deu inúmeras definições de razão. Há toda uma história entre intelecto e razão que, como tudo mais que é "acadêmico", não me interessa. Nelson consegue dizer aquilo que me parece de mais essencial na nossa relação com o esforço de compreender o mundo à nossa volta. Essa discussão se dá contra a chamada "razão da idade", virtude do jovem, que dr. Alceu e outros costumavam dar aos jovens. Já falamos disso: para Nelson "o jovem" é uma praga para os verdadeiros jovens que ficam querendo ser "jovens" como foram aqueles dos anos 1960 (um bando de irresponsáveis que não queria arrumar o quarto e fizeram disso uma grife graças a professores que queriam transar com eles e elas), como se existisse alguma virtude específica em ter vinte anos, a não ser os hormônios e a ignorância natural da idade.

Nelson diria que a razão está mais perto de "uma santidade conquistada" do que de uma idade dada. Para quem conhece minimamente qualquer literatura de santidade no cristianismo, é claro que a analogia é brilhante (e, em seu caso, brilhantemente intuitiva, como tudo mais). A conquista da santidade é algo que se faz assim como quem escala uma montanha com as unhas enquanto mata a sede com o próprio sangue. Sangra-se na luta contra o corpo, contra a alma concupiscente (escrava do desejo e presa do seu tédio...), contra o desespero da esperança e, acima de tudo, contra aquilo que é típico da chamada "ciência dos santos" (termo do século XVII para se referir ao conhecimento místico profundo), a consciência plena do aniquilamento de qualquer vitória possível sobre tudo aquilo que se combate. O santo é um derrotado. Quem quer ver o mundo com a razão é também um derrotado, porque sabe que nunca será plenamente racional e "autônomo" com relação aos seus delírios irracionais. A "dilacerada paciência", uma paciência que dilacera porque se alimenta do nada de sucesso. Ao santo é necessária uma paciência dilacerada, porque nele a luta contra o mal se dá "em casa", pois ele sabe o quão é habitado pelo mal.

A busca de ser racional é um dilaceramento interno, porque ser racional implica superar muito do que torna nossa vida mais ilusória e, por isso mesmo, menos doída. "Toda uma desesperada lucidez": o olhar lúcido de quem não tem mais ilusão e, por isso, perde toda e qualquer esperança. Quem conta a razão aos quatro ventos é porque nunca a viu.

O santo é aquele que perdeu a esperança em tudo que não seja Deus. Sua definição de razão está intimamente ligada à sua afirmação de ser um ex-covarde, porque sofreu tanto que perdeu o medo. Não é algo que você consegue num workshop iluminista, mas algo que se contrai como uma doença. A santidade é uma doença da alma que se apaixona por Deus. A razão, uma doença da alma apaixonada pela verdade. Platão entendia disso muito mais do que os modernos racionalistas.

Sem capacidade para o espanto

A crítica de Nelson à teologia de esquerda é largamente conhecida: "os padres de passeata". D. Helder, que amava mais os sindicatos do que os templos. Mas o fundo de sua crítica aparece melhor, ou de modo esteticamente mais claro, quando ele fala da missa de gafieira ou da missa com bandejas de docinhos e empadinhas. O que falta ao Jesus daqueles impotentes do sentimento (uma definição comum em Nelson para o diabo) é espanto. O que se busca em Deus, de agora em diante, será algo entre bons salários e um bom carro novo. Nelson percebeu de modo claro como a teologia da justiça social preparava a teologia da prosperidade, só que esta tem mais sucesso e é mais objetiva, por isso tem muito mais sucesso. A igreja católica de esquerda fez a opção pelos pobres, e os pobres fizeram a opção pelo pentecostalismo. O padre de passeata é o pai do pastor do Jesus consultor de sucesso.

Nada disso tem espanto, porque tudo isso é estratégico. Nada de espanto diante do mistério da vida. A religião como ferramenta de sucesso é impotente para o sentimento. O homem moderno, idiota como ele é, apaixonado por si mesmo como ele é, não tem qualquer *capax Dei*.

De quatro

Não, o homem não se espanta mais. Sem espanto, caímos de quatro, assim como sem a alma imortal. Claro que a afirmação pode ser um lamento confessional diante da possível morte de Deus. Mas também pode ser uma releitura da afirmação dostoievskiana "se Deus não existe, tudo é permitido". E acrescenta o próprio autor russo: "e se alma for mortal". E essa máxima fala da necessidade de um caráter absoluto para que exista algum valor não solúvel em água ou no desejo que pinga.

Em Nelson, a afirmação ganha um tom também político e cognitivo: se mandarem que andemos de quatro, vamos andar. Encontraremos razões "científicas": as neurociências, as nutricionistas, a espiritualidade budista, todas provam que faz bem andar de quatro, e aí, logo, teremos shopping centers mais amplos...

As moscas

Mesmo elas choravam os mortos. Hoje, nem os filhos. Logo, nem os vermes terão interesse nos mortos. Escolherão uma alimentação mais saudável e terão defensores dos seus direitos de serem vermes saudáveis (*"wormrightswatch"*).

Quem chora por golfinhos baba em cima de mulheres grávidas para que elas abortem. O que os idiotas modernos não entendem é que, como dizia o filósofo britânico Edmund Burke no século XVIII, a vida em sociedade é um pacto entre os mortos, os vivos e os que ainda não nasceram. Quando os mortos não valem nada, ninguém vale nada. Erro básico da modernidade que as religiões sempre souberam: o valor da humanidade está no respeito ao passado, e não no amor pelo futuro. A paixão pelo futuro é brega e quase sempre fascista.

Nelson amava enterros. Principalmente de mulheres. Principalmente de assassinadas por amor. Essa era uma obsessão sua, entre outras. Para Nelson, o que mantinha a unidade da pessoa eram suas obsessões, não uma noção de saúde de almanaque, ou de Facebook, como a nossa. Para ele, e concordo, é na doença, e não na saúde, que está a nossa coerência. O tédio, por exemplo, nos ensina mais sobre nós mesmos do que a alegria.

Mesmo a morte pode dar tédio. O episódio da gripe espanhola mostrou isso. Nelson narra como as pessoas morriam como moscas. Contra a sociologia, para a qual todo o mal do mundo viria da industrialização, para Nelson, pelo menos no Rio dos anos 1918 e 1919, período da gripe espanhola, o mundo que nasceu dela foi outro. O carnaval que a seguiu parecia outro Rio. Começou-se a perseguir o pudor com ódio e mostrar o corpo da mulher com descaso, tornando o desejo quase cansado de tanta beleza banal. Por isso, a afirmação de que o desejo precisa de seu claustro.

A modernização, e seu aniquilamento de todo valor, não veio apenas pelos braços da industrialização, mas também pela experiência de que mesmo a morte dá tédio. Não se chora mais. O tédio, assim, inaugura um niilismo. Para quem já experimentou o vazio do tédio, é óbvio que ele é um dos motores da desvalorização de tudo. Ácidos, nos defendemos dele histericamente falando de liberdade sexual e barateando a mulher.

Opinião pública

A opinião pública é uma peste. A sociedade moderna a contraiu como uma doença. Tocqueville, o analista da alma do homem democrático, já sabia disso no século XIX: na democracia repete-se o que a maioria diz.

Não há lugar para o esforço socrático pela verdade na democracia. E o esforço socrático pela verdade é, na realidade, um abrir-se para a certeza da possibilidade de que estamos errados no que pensamos. Isso é inconcebível para a sensibilidade democrática que ama apenas as grandes quantidades do mesmo.

A humilhação dos dias úteis

Nos fins de semana nos sentimos donos do mundo. Mesmo os pulhas, como dizia Nelson. Mas, nos dias de semana, somos humilhados pela realidade. O homem, pela impotência diante do chefe, do salário, da esposa já não mais satisfeita. A mulher, pela morte da beleza ao longo das horas e do envelhecimento, que é sua face final.

O cotidiano da sopa ou do Facebook, qualquer cotidiano apaga o futuro. A realidade é pequena como uma sopa para quem não consegue mastigar ou morder uma mulher. As ciências sociais nunca tocarão o coração da realidade, porque não olham para a humilhação do homem cotidiano. Uma mulher impossível de ser penetrada é a chave da realidade profunda. Pouco dinheiro, carro velho, apartamento apertado. Nada mais.

Imortal hábito feminino

A prostituição não é a profissão mais antiga, mas a vocação mais antiga. Toda atriz sonha fazer uma prostituta. A discussão sobre a vocação feminina para ser prostituta é talvez o tema mais controverso em Nelson, mas ao mesmo tempo o que cala mais fundo. O imortal hábito feminino é gostar de ser objeto sexual. Sentir-se cachorra, fácil, vadia, pelo menos por meia hora. Recentemente um psicanalista comentou sobre como mulheres inteligentes, donas de sua vida, podiam, no segredo da confissão analítica, se queixar de que seus parceiros não sabiam tratá-las como vagabundas, que eram frouxos. Que queriam ser humilhadas e submetidas no sexo. O psicanalista via nisso uma contradição: emancipação *versus* querer ser objeto, sentir-se vagabundas por alguns minutos, dominadas.

Nelson acertou em cheio quando disse que a objetividade idiota das ciências humanas iria se tornar cega para enxergar as coisas humanas. Ver contradição na fala dessas mulheres é ser vítima da crença de que sexualidade é política. A física aqui é melhor do que a política. O fato de a mulher ser penetrada, "receber" (o erotismo da palavra "violada" está aí), ficar de quatro, revela mais da alma feminina do que o blá-blá-blá da Simone de Beauvoir, que confunde queixas quanto a poder trabalhar fora de casa com gosto sexual e com natureza feminina.

A alma feminina pode pilotar aviões, mas quer ser a puta de um homem. Sem sua puta ela sucumbe à tristeza do desejo. O imortal hábito feminino é o hábito de ser objeto.

Amor obsoleto

O amor espanta. Alguns afirmam que é uma invenção da literatura europeia medieval – o amor cortês. Nelson achava que não: amar, para ele, era o centro da personalidade. E amor é um desejo desgraçado, incontrolável, quase destrutivo em sua dramaticidade. Para ele, se acaba, nunca foi amor de verdade. Mas uma questão que o assustava era que, para ele, o amor estava acabando como experiência real por conta da nova capacidade do homem de só pensar em sua saúde mental, física e política.

Amar é perder a si mesmo de vista. Quando a mulher se tornou objeto de uma ciência e passamos a vê-la como uma "eleitora" ou "profissional", ela morreu como objeto de amor. Não pensamos a sério no fato de que a politização do sexo destruiu o amor e sua espontaneidade juvenil.

Claro que, como sempre quando trata de amor, Nelson revela seu romantismo idealizado, principalmente quando assume que no passado se amava mais e que hoje, como em seus textos sobre o carnaval, quem ama tem que se esconder da raiva pública manifestada como curiosidade mórbida. Mas ele acertou em cheio quando pressentiu a condição de quase obsolescência da mulher. Entre flats com serviço de quarto, restaurante no térreo, garotas de programa de alto nível e namoradas independentes, a mulher como objeto de amor e enlouquecimento aos poucos se torna desnecessária. Já que elas são, antes de tudo, boas "profissionais", voltadas para sua carreira, melhor uma relação "profissional" limpa e reta, na qual não temos que arcar com os dramas femininos.

Nada impede que o amor tenha sido, de fato, uma experiência histórica literária datada e que Nelson tenha percebido seu lento processo de desuso. Se nós celebramos os tempos modernos nos quais todos somos livres para sermos nada um para o outro, antes de tudo pela disponibilidade para relações apenas de uso, logo esqueceremos daqueles casais que se matavam de amor (Nelson adorava esses casos de jornalismo policial) e chegaremos à conclusão de que tudo isso era apenas um mau funcionamento do cérebro, ou uma dependência psicológica de algum tipo.

Casos como esse exemplificam o que Nelson tinha em mente a respeito da destruição da vida causada pelo "progresso" das coisas. Talvez em nenhum outro caso fique tão claro seu mal-estar com a modernidade. Mas, independentemente de este ser apenas um exemplo de sua condição de múmia, como ele dizia, não há dúvida de que a superação do amor como consequência do "progresso" humano encerra um medo de que, para o homem bem resolvido, a mulher se torne mesmo obsoleta – e vice-versa.

Fome de mentira

E o diabo criou o idiota da objetividade. Há em nós algo que morre quando vivemos só na realidade. O lugar da mentira no pensamento de Nelson é próximo ao da misericórdia: "mintam, mintam, por misericórdia!". E o diabo para Nelson não é o pai da mentira, mas aquele incapaz de amar.

Na política, a mentira é a arte da mentira; na espiritualidade e na psicologia, a mentira é próxima da misericórdia; na moral, é parte do que sustenta a vida cotidiana, que não respira bem quando a verdade nua e crua vem à tona. Coitados de nós que precisamos da mentira para amar.

Segundo nosso filósofo selvagem, vemos novela porque ela mente e nos dá a dose de fantasia de que precisamos. O jornalismo e as ciências humanas, perdidos na objetividade idiota, esquecem que o homem não é um animal objetivo. Diria eu, seguindo o filósofo romeno Emil Cioran, o homem é um animal indireto.

Mas por que, justo Nelson, um obcecado por dizer a verdade que dói, fala da necessidade da mentira? Esta é da ordem da piedade no caso do homem, não da ordem do marketing, a esquerda festiva, mentirosa e covarde. Só lembrando da espiritualidade cristã e da ideia do homem como um enfermo (como dizia o filósofo francês Pascal), entendemos o que Nelson tinha em mente: mentir por misericórdia significa reconhecer nossa fragilidade essencial, significa reconhecer nossa vergonha, nosso desejo que pinga e que nos destrói quando o perseguimos.

Não se trata de defender a mentira como modo de vida: significa reconhecer que parte da vida respira porque alguns de nós têm pena de nós e, por isso, não nos falam o quanto podemos ser feios. A verdade é como a virtude excessiva. Uma mulher muito virtuosa não faz sexo oral no meio do expediente de trabalho. Uma mulher muito limpinha não suja o rosto com o gozo do homem. Quem não reconhece a necessidade da mentira como forma de misericórdia é o mesmo tipo de pessoa dessa mulher que se recusa a fazer sexo oral porque é anti-higiênico.

Perdão no meio da rua

Há uma diferença entre trair pelo sexo e por amor. Por amor, a adúltera se deixa varar pelas balas; pelo sexo, ela foge e pula pela janela. Nelson conta histórias assim várias vezes e tira essa conclusão moral. Mas, às vezes, há uma variação na história, e a adúltera, no chão da rua, depois que pulou pela janela, chora e se joga aos pés do marido, implorando seu perdão. Este então a perdoa e o povo ao redor grita: "Não perdoe esta vagabunda!".

Nelson entendeu a natureza do "povo" melhor do que qualquer um desses sociólogos idiotas da objetividade, que na esteira do grande idiota, Jean-Jacques Rousseau, passaram a crer na santidade do povo. O povo não perdoa e gosta de humilhar a adúltera, principalmente as mulheres, que odeiam toda e qualquer mulher que goze mais do que elas. Quando o perdão aparece, o povo mostra sua verdadeira face: flagelo do mundo, repressor da misericórdia, amante da desgraça alheia.

A democracia ama mais facilmente o ódio do que o perdão. O povo jamais perdoa o amor.

Homem com menos de dezoito anos

A mulher é um ser complexo. Homens com menos de dezoito anos não deveriam nem dizer bom-dia para uma mulher, segundo Nelson. Até a prostituta, essa figura essencial na formação de um homem, sabe disso.

A complexidade da alma da mulher encontra perfeita representação e simetria na complexidade de seu orgasmo. Exige atenção, às vezes leveza, às vezes violência, às vezes dedicação enlouquecida, às vezes indiferença mortal, às vezes amor sincero, às vezes nada além de sexo sujo e barato.

Como se dirigir a um ser como esse sem gaguejar?

Ideologia de bolso

Hoje todo mundo pensa, não só o teatro paulista e seus bilheteiros inteligentes – Nelson dizia que, no teatro paulista, todo mundo era inteligente, até o bilheteiro tinha uma opinião do porquê de adaptar Shakespeare à nossa época. Falando das redações dos jornais, dizia que apenas o grande editor pensava. Nos anos 1960 e 1970, até faxineiro e office-boy começaram a pensar. Todos passaram a ter, então, uma opinião sobre o Vietnã, a pílula, a fome no Nordeste...

De lá pra cá isso piorou bem, aliás, como tudo que Nelson identificou em sua época. O jovem de quinze anos tem opinião, para sua tragédia. Em vez de aprender que deve arrumar o quarto, ensinam a ele que deve propor uma solução para a África, enquanto uma baiana qualquer arruma seu quarto.

Todos têm uma ideologia de bolso e justificam suas pequenas canalhices no dia a dia dizendo que se trata de uma visão de mundo ou de um problema de justiça social. Justiça social, energia e cabala são palavras que gente educada e elegante nunca deveria usar. Talvez, entre todas as classes, seja justamente a artística e intelectual a que mais sofre com ideologias de bolso: todo mundo tem que ter "uma contribuição", "uma causa". Pessoalmente, como o Nelson, suspeito de todos que têm uma causa além da de suportar sua própria humanidade, que, pra mim, pesa toneladas.

Contra ter ideologia de bolso, Nelson citava a solidão de gente como Guimarães Rosa: "o artista precisa de solidão para não apodrecer". Se lembrarmos da sua clássica imagem de que o homem ou se angustia ou apodrece (e só os neuróticos verão a Deus), veremos que ter ideologias de bolso é uma forma de apodrecer. De Nelson para cá tudo piorou muito (aliás, esta é uma tese que sustento nestes ensaios: tudo de ruim que Nelson identificou só ficou pior), ninguém é capaz, no mundo da arte e da cultura, de não ter uma causa. O que não precisa mesmo é ter talento ou coragem de dizer algo que preste.

Vaidade

Talvez não exista problema mais velho e humano do que a vaidade. Talvez Nelson seja um dos autores que melhor confessou a miséria que é a vaidade, especificamente neste mundo da mentira chique que é o mundo da arte e da cultura. Quando ouço alguém dessas áreas (acrescento a academia) falar em honestidade e ética, lembro-me de como somos miseráveis. Artistas e intelectuais são mais canalhas do que políticos e banqueiros. Quando Nelson conta como corria atrás de elogios e escrevia comentários sobre suas peças com outros nomes, vemos a miséria da vaidade tão concreta quanto ter um seio feio.

Quando da estreia de *Álbum de família*, a cadela hidrófoba que ficou presa 21 anos num quarto (foi censurada com os aplausos da inteligência de sua época, os tais artistas e intelectuais dos quais falei acima), muitos gritaram pedindo "um incesto a menos", porque tinha muito incesto. Nelson reconheceu depois que o ódio que deram ao seu "álbum" familiar o salvou da vaidade de ter admiradores. Preferiu continuar a mostrar a escuridão nossa de cada dia a ficar refém dessa escuridão: a vaidade de querer ser amado pode ser uma das maiores formas de escuridão. Preferiu o ódio ao amor dos que cobram amor em troca de você pensar o que eles querem. O admirador é um inimigo da liberdade.

Só os melhores entre nós, talvez, consigam entender que viver em busca da autoestima é uma das maiores formas de escuridão que existe. Vaidade é o nome elegante para o vazio que nos define (*vanitas* em latim é tanto vaidade quanto vazio, portanto os dois são a mesma coisa). Sempre que vivemos pela vaidade (o que nos acomete quase todo o tempo), vivemos presos no vazio.

Patologia do mistério

Uma das críticas mais comuns a Nelson é de que ele seria um romântico e, como todo romântico, um homem preso ao passado. A esse fato ele dava reconhecimento chamando-se a si mesmo de múmia, claro que com a ironia necessária para dialogar com quem nunca o entendia. Um de seus temas prediletos, a crítica ao progresso, de atualidade assassina, tocou muitas vezes na suspeita da destruição dos afetos em nome de uma vida mais saudável. Não tenho dúvida de que em breve não sentiremos nada, a não ser o que o bem-estar saudável nos autoriza.

Em um de seus textos sobre este tema, contando uma viagem do amigo Otto Lara Rezende à Europa (não podia faltar a Escandinávia, o lugar onde a humanidade deu certo porque não há pecado à mão, já que o luteranismo fanático o extirpou, e o que sobrou do pecado foi demonizado pela repressão puritana do politicamente correto: pior do que a luterana, porque realizada com sorrisos), Nelson descreve como o amor sem morbidez não existe. Pessoas que se amam de modo bem resolvido, se abraçam de modo higiênico e respeitam o espaço do outro, mas perdem o "mistério" que, segundo Nelson, só a morbidez dá ao afeto. "Ora, sem um mínimo de morbidez ninguém consegue gostar de ninguém", por isso "o desenvolvimento não é a solução", assim como a beleza tornada um direito do cidadão, e a saúde, um dever constitucional, desfiguram a face da beleza e da saúde.

A relação íntima (a palavra "íntima" aqui pesa, porque se trata de uma intimidade que deve ter sobre si o mesmo dos restos do orgasmo) entre morbidez, doença, desordem, amor e mistério é uma das estruturas da filosofia selvagem de Nelson. A tentativa de limpar essa intimidade tem o mesmo efeito de declarar o sexo oral como forma de combate a doenças bucais. Não duvido de que em algum tempo o sexo oral sofrerá restrições em nome de uma melhor dentição. Mas, antes disso, o amor louco, o tipo de amor que Maurício desperta em Leninha no romance de Suzana Flag (pseudônimo de Nelson para romances durante um tempo) *Meu destino é pecar*, será curado por métodos tanto da medicina da biofarmacologia pesada quanto pela medicina orgânica do bem. O amor louco será visto como um fato de aquecimento global.

O problema é que, para Nelson, o amor sem morbidez não é amor, porque não tem desejo. E o desejo é triste. Vemos aqui que a psicologia rodrigueana deita raízes numa visão do homem como ser doente, e que sua beleza reside justamente nessa desordem.

Claro que a própria ideia de afeto pressupõe desordem. Como pode haver afeto saudável e correto? Se pensarmos de forma negativa, não é outro o sentido de quando Nelson dizia que pior do que odiar o marido é ser indiferente a ele. O amor sem morbidez, sem desespero, é uma forma de indiferença, e a indiferença é um dos modos de declinar a saúde.

Os antigos costumam buscar a *apatheia* (ausência de *pathos*, paixões) como modo de superação espiritual do sofrimento. Para eles, esse estado era uma forma de sabedoria atingida depois do atravessamento de nossos demônios. Isso nada tem a ver com a indiferença dos "desenvolvidos". A indiferença destes é mais uma forma de sonambulismo como o sorriso na face, o sorriso no rosto de um funcionário da loja de McDonald's orgânico.

A dor do bem

O bem dilacera. Quem não sabe disso nunca viu o bem ou não tem noção do mundo falso em que vivemos. Hoje em dia alguns chamam essa falsidade, agora cientificamente comprovada ou justificada, de instrumentalização da vida. Somos mercadoria, diriam os adornianos. Fato. Mas, voltando ao bem, Nelson confessou certa feita, de modo envergonhado, que, apesar de possuir inúmeros vícios, um ele não tinha: sabia ver o bem quando este lhe aparecia. E o bem dilacera. Uma pessoa desarmada, sem pensar em si mesma, humilde (sem precisar sê-lo), tem o rosto do milagre. A generosidade suspende a lei da gravidade e o medo da morte.

Quem não sabe que o bem é um milagre, quem diz que bem e mal são dados antropológicos relativos (fato real se você compara culturas), não entende o que Nelson está dizendo. Essa experiência tem mais a ver com o que uma pessoa desta causa em você, iluminando o quão longe você está dela, do que com uma definição cultural de bem e mal. Trata-se de uma experiência quase sensorial, portanto estética, e não ética. Esta pessoa lhe mostra como você é incapaz de fazer o que ela faz porque você está "bem preparado" para o mundo. Você é sempre um interesseiro.

O personagem príncipe Míchkin, o idiota do romance de Dostoiévski *O idiota*, era um tipo deste. Atento à dor do mundo e do outro, sem fazer dessa atenção um ganho para o próprio marketing ético de si mesmo (o que é comum em nossos dias), esse príncipe vê a dor do mundo, a dor que o mundo esconde e que faz de nós todos uns coitados. De certa forma, ser um ex-covarde é necessário para ver o bem quando ele aparece, porque dói ver essa distância sem o manto da vaidade que cobre a nudez de nosso vazio. Apesar de mostrar a distância entre ele e você e assim revelar a dor de sermos o que somos, ele o faz com doçura. Essa doçura é que dilacera, e não a distância. Não é outra coisa que a mística cristã fala do contato com Deus: na Sua beleza, Deus revela Sua distância e, ao mesmo tempo, nossa capacidade de percorrê-la. Esse é o sentido de dizer que santidade é dor, é ver o mal em si mesmo. Só quando não temos medo de ver o que somos, podemos, quem sabe, um dia, sermos, por um instante, generosos.

Elegância

"A verdadeira elegância é invisível", isso é fato. Mas por quê? Porque é coisa de alma. Claro que em alguma medida depende de elementos exteriores, mas depende assim como uma música depende da qualidade do músico e do instrumento. Aliás, essa analogia é clássica como Platão. Também foi retomada pelo filósofo francês Henri Bergson no século xx.

No caso de Nelson, ela ganha contornos históricos precisos: num mundo no qual todos são iguais, bestas-feras em busca de uma felicidade quantificável em objetos materiais, a elegância desaparecerá de vez quando não mais os objetos materiais que serão todos iguais (um dia teremos saudade da breguice materialista da classe média), mas os comportamentos, os anseios, os olhares.

Segundo Nelson, a elegância mais primitiva é ser o que você é sem querer copiar ou atingir o que os outros desejam. A semelhança com o poeta russo Joseph Brodsky é grande, apesar de que, no lugar da elegância, Brodsky fala do Bem, original, espontâneo, sem cópia. A tendência a uma estética da moral em Nelson é grande: deduzir o amargor das coisas, como primeira experiência do mundo a partir da mordida em uma fruta, é traço dessa estética.

Resistir a desejar o que se deve desejar é a marca mais profunda da elegância num mundo em que os idiotas venceram, traço imperdoável da democracia. A elegância num mundo saturado do que é visível nada tem a ver com objetos materiais (apesar de que estes podem, sim, ajudar), mas com uma forma primitiva de coragem, aquela que sustenta o caminhar livre de alguém num mundo hostil ao indivíduo e louco de amor pela igualdade e por sua irmã gêmea, a mediocridade. Em nosso mundo, a elegância respira solidão.

O poder da brotoeja

Existem várias causas para uma mulher trair seu marido: tédio, dinheiro, falta de sexo, vazio existencial entre as pernas. Mas nem tudo é óbvio assim, ou melhor, às vezes é óbvio demais. Certa feita, Nelson perguntou a uma adúltera o motivo de ela ser infiel ao seu marido, um homem reconhecidamente doce, bem de vida, bonito, atencioso. "Vi uma brotoeja em sua pálpebra."

Este é um daqueles exemplos do materialismo miserável que humilha a alma. Nenhuma das qualidades do marido resistiu ao poder da brotoeja. Cada hora vivida com ele, cada ato de amor que ele realizou, nada valeu diante da brotoeja "intranscendente". Assim como um belo seio, uma voz horrível, a forma das mãos, uma brotoeja pode ser mais poderosa do que uma vida de amor. Esse poder se assemelha ao poder que Pascal (filósofo francês agostiniano do século XVII, jansenista; lembremos que Sábato Magaldi chamava Nelson de o jansenista brasileiro, crente numa natureza humana desgraçada pelo desejo pelo vazio) atribuía às moscas: uma mosca pode destruir a imagem que temos de alguém. Vítima, ela e ele, de um desejo que se vende pelo nojo de uma brotoeja.

A canalhice dos intelectuais

É conhecida a crítica do Nelson à esquerda. E ao dr. Alceu, intelectual católico de esquerda. Uma de suas críticas mais precisas, e que vale a pena permanecer em nossa memória (tudo que Nelson disse vale a pena permanecer em nossa memória, principalmente seu olhar lúcido sobre a "festiva", que hoje em dia cresceu e se tornou grande parte de nossas vidas, com jantares inteligentes), é o fato de que os intelectuais de esquerda não assumem para si a herança que lhes pertence: os assassinatos em massa dos regimes marxistas. Qualquer um, no Brasil, que desafie a canalhice da esquerda é acusado de ser pró-ditadura (que, no Brasil, não enchia dois ônibus de reais vítimas, segundo nosso filósofo selvagem), mas a canalhice da esquerda, espalhada pela máquina pública, pelas universidades, pelas salas de aula e pela magistratura, não é obrigada a responder pela maior máquina de morte dos últimos anos, maior que a nazista. E mais perigosa, porque se mantém como "boazinha" e bem-intencionada. Do tipo: matamos por amor à humanidade, por um mundo melhor.

Todo mundo que fala em nome da esquerda deveria ser obrigado, em público, a explicar como vai criar uma nova sociedade de homens bons, como eles, da esquerda, sem matar todos os outros. Como fazer uma esquerda democrática sem grandes assembleias de assassinos que babam de ódio por todo mundo que tem mais sucesso na vida do que eles? Não existe esquerda democrática, isso é uma mentira retórica, a não ser que democracia seja apenas a violência da maioria sobre todos os outros. Democracia de linchamentos.

Proponho também que todos os intelectuais que defendem o fundamentalismo islâmico vão morar com os fundamentalistas para deixar de confundir seus jantares inteligentes com o mundo real.

Na China da revolução cultural de Mao, acreditava-se, segundo Nelson, que o grande líder assassino curava cegueira. A sutileza do embotamento mental que a esquerda causa nas pessoas não é fácil de se ver quando você é de esquerda. Mas o embotamento existe na medida em que, mesmo depois do ridículo século xx, ainda tem gente que se julga inteligente e é de esquerda.

Erra quem pensa que a estupidez passou. Basta frequentar as universidades do mundo para ser ver que ainda hoje se crê que Mao pode curar cegueira.

A filosofia da minissaia

Espero que minhas leitoras me leiam de minissaia. Adoro mulheres de saia curta. Quando as vejo de minissaias, tenho uma vontade imediata de beijar-lhes as pernas, subindo dos tornozelos às coxas mais íntimas.

Comentando o economista Delfim Netto, Nelson escreveu um dos textos mais sofisticados sobre o impacto econômico e cotidiano da minissaia, portanto, da mulher como ser desejado.

Antes de discorrer sobre a minissaia, dizia Nelson que um casal feliz é uma raridade. O casamento, como todo mundo sabe, é feito de equívocos, ressentimentos e berros. Mas a economia é sempre um impacto na vida amorosa. Engana-se quem pensa que dinheiro não compra amor. Dinheiro compra principalmente amor verdadeiro. Quem não sabe que se ama melhor com ar-condicionado e numa praia deserta do que na Praia Grande? Que venham os inteligentinhos que nada entendem de mulher e falem o que quiser.

Quando a saia sobe, a indústria têxtil quebra, e os casamentos junto. As esposas ficam duplamente infelizes, porque os homens começam a ter de pedir dinheiro em cuia de queijo e ao mesmo tempo enlouquecem com as pernas das secretárias. Os casamentos se dissolvem. É claro que se trata de um daqueles exageros estilísticos de Nelson, mas a verdade é que a relação fina entre a economia e a economia humana, demasiadamente humana, aqui se revela: minissaias falam de redução de consumo de tecido e também falam das transformações do tecido afetivo.

Num mundo volátil como o nosso, os casamentos perdem a inércia do acordo entre doenças da alma e a aceitação da sociedade dessas doenças como cimento da "solidez" dos casamentos. A minissaia, por sua vez, indica a mudança de comportamento social da mulher, revelando a delícia de suas pernas e trazendo o olhar para perto de seus segredos entre as pernas. O homem é um animal cuja moral depende desses segredos.

A mulher quer um nada como marido

Palhares talvez seja um dos mais famosos personagens de Nelson, um canalha sincero. Morde o pescoço da cunhada caçula, confessa que hoje precisamos de "um outro Cristo", que precisamos estar mais em dia com as necessidades de nossas adúlteras espirituais, porque um canalha deve estar sempre em dia com seu tempo. Os canalhas não sinceros dizem que são canalhas porque todo mundo tem o direito de ser canalha, e que precisamos combater o preconceito contra canalhas. Nem os canalhas são mais confiáveis.

Mas o que eu queria dizer mesmo é que uma das grandes sabedorias do canalha (ou de uma prima do canalha Palhares, ou seja, uma canalha), segundo Nelson, era saber que uma mulher quer que seu marido seja um nada. O que é isso? Vejamos.

O bom marido não pode ser um grande homem (tem que ser um manso) e, como todo grande homem, ser habitado por demônios. O bom marido deve ser plácido como um lago sem tempestades. A mulher não suporta os tumultos de um grande homem no marido, mas adora esses mesmos tumultos no amante. O amante, sim, deve ter as qualidades de um grande homem: ser imprevisível, ter contradições, afetos incontroláveis, coragem para aceitar o risco como parte da vida. O marido deve se preocupar com a saúde física e econômica sempre. A mulher aceita dar dinheiro para o amante, mas não para o marido. Perdoa as loucuras e as fraquezas do amante, mas não as do marido. Esta talvez seja uma das maiores afirmações de ceticismo para com o casamento em Nelson: um lugar onde se tem o maior grau de solidão, sem nenhuma privacidade, e onde parte desse binômio está justamente no fato de o homem ser um nada, ou se reduzir a um nada.

Diriam as feministas que as mulheres também devem se reduzir a um nada de mulher. Entretanto, uma mulher traída não é necessariamente um nada, mesmo que se sinta assim, porque "os homens não prestam mesmo", isto é, os grandes homens. Mas um homem traído é bem pior, porque então sua mulher é adúltera, e a adúltera é sempre um personagem cheio de drama, enquanto o adúltero pode ser apenas um vagabundo na vida.

A adúltera tem alma de adúltera, por isso a adúltera é transcendente, e a Bíblia está cheia dela. O adúltero pode mesmo nem ter alma.

Por que o idiota da objetividade é idiota?

Imagine que uma senhora gorda vê uma cena e volta a lavar sua roupa suja. Agora, imagine que ela viu um homem desesperado atirar três vezes em sua mulher no meio do passeio e depois se jogar sobre seu corpo ensanguentado, chorando e gritando "meu amor, meu amor". Agora, imagine esta senhora pensando enquanto lava a roupa: "ele matou ela, ela o traiu, ele chorou".

Eis uma idiota da objetividade. Para Nelson, não é a objetividade que define esse tipo sutil de idiota, mas a falta de sentimento, ou melhor, nos termos do próprio Nelson: a impotência do sentimento. Portanto, sua crítica não é a busca por descrever um fato, mas a incapacidade de enxergar nele a Anna Kariênina que agoniza diante de seus olhos. Com isso, o mundo torna-se objetivo como uma necrópsia. No humano, só o cadáver é capaz de ser plenamente objetivo, porém não o cadáver que é dissecado, mas o que observa.

O supérfluo

O filósofo Kant já dizia que o belo é o belo sem outra finalidade que o belo. Poderíamos dizer que ele está afirmando que o caráter essencial da beleza é sua inutilidade. Na moral, o bem para Kant deve valer por si só, e não o ser porque ganhamos algo com ele ou porque Deus quer que assim o seja.

Há em Nelson algo de kantiano, principalmente quando fala da importância do supérfluo na vida. O idiota da objetividade é um impotente do sentimento, assim como o idiota do pensamento o é quanto ao supérfluo. Todos nós sabemos, e ninguém precisa ser um gênio como Kant para saber disso, que, quando nos tornamos pessoas excessivamente objetivas e funcionais, algo se perde nessa competência toda.

Talvez seja esse um dos traços que o romântico Nelson mais denunciava num mundo em processo de se tornar "desenvolvido". O progresso nos tornaria a todos impotentes do supérfluo, pensando apenas no que tem função no mundo. A obra ensaística de Nelson é uma grande ode ao detalhe inútil. Há uma fina sociologia do tempo e da moral aqui: homens muito eficazes ficam cegos para tudo que não seja instrumental. A pressa aniquila o tato para o inútil e, com isso, cala em nós um dos mais importantes sentidos que temos: o sentido do invisível. A incapacidade da objetividade para lidar com o invisível não é mero acaso.

O profeta

É conhecida a afirmação de Nelson de que o profeta enxerga o óbvio. Normalmente se pensa no profeta como adivinho. Mas aqui nosso filósofo selvagem parece se aproximar mais do que o filósofo judeu Abraham Joshua Heschel falava do profeta: alguém que enxerga melhor as coisas porque as vê do ponto de vista de Deus. No caso de Nelson, não parece haver uma relação com o ponto de vista de Deus, mas com a verdade do que se vê contra um cenário onde todos mentem porque são canalhas ou porque não são ex-covardes. O medo e a canalhice ideológica fazem com que mintamos ou simplesmente não olhemos para a vida tal como ela é. A semelhança com o filósofo judeu está no fato de que tanto ele quanto nosso selvagem não veem o profeta como adivinho, mas como alguém que enxerga de modo claro a realidade, sem equívocos: um porque a vê com os olhos de Deus, o outro porque a vê sem medo e com o desejo reto de dizer o que vê, e, por isso, se aparenta da retidão da vontade divina.

No caso de Nelson, por exemplo, o profeta seria o único que veria o óbvio no fato de dinheiro comprar até amor verdadeiro, apesar de os canalhas intelectuais (ou aqueles que têm medo de ver a vida como ela é) negarem esse fato. Outro exemplo seria que toda mulher gosta de apanhar porque toda mulher normal gosta de se sentir objeto no ato sexual. Quem frequenta sexualmente mulheres sabe muito bem disso. Outro exemplo é o fato de o desejo ser triste. Só quem não tem o hábito de realizar desejos sonha com o fato de que o desejo não traga a marca do tédio da carne. Nelson parece ter percebido que, por causa do domínio do pensamento ideológico (o que hoje é pior do que na época dele, porque então os comunistas estavam ocupados com a revolução e a ditadura e hoje só dão aulas em universidades e criam políticas públicas, logo, construíram muito bem o futuro durante a ditadura), a possibilidade de ver o óbvio seria cada vez mais rara, porque a mentira se organizou em filosofia e ciências sociais.

Por último, vale lembrar a diferença apontada pelo profeta Jeremias entre o verdadeiro profeta e o falso profeta: este fala que há paz quando há, na verdade, guerra; o outro, o verdadeiro, fala apenas de "mal, pestes e guerras". Nelson, além de filósofo selvagem, era um profeta genuíno. Quem negará que o progresso e sua sociedade baseada no acúmulo de conforto (em moral, este acúmulo de conforto se traduz na ideia de "direito a tudo") nos levou a um tal sonambulismo que os antigos profetas de Israel, Amós e Isaías, além do próprio Jeremias, se vivessem agora, gritariam de agonia?

O rubor feminino

Todo homem gosta de uma vagabunda. As mulheres fáceis ajudam a dar sentido à vida e a torná-la menos pesada. Claro, ninguém quer que sua mulher seja vagabunda fora da privacidade de seu quarto. A vocação ancestral da mulher para prostituta encontra na privacidade do quarto do casal seu paraíso de segurança. Mas o rubor feminino ainda dá tesão e apaixona.

Nelson identificou, já nos anos 1960, a tendência a se considerar o rubor feminino como marca de pudor, um traço neurótico a ser curado em terapia. Séculos de experiência humana sabem que o justo remédio para o pudor feminino é o álcool ou o amor (mulheres bêbadas de álcool ou de amor dão mais fácil), mas, depois da revolução sexual, esse tipo particular de marketing de comportamento, nos acostumamos a dizer que mulheres bem resolvidas não têm pudor. Todo o mundo adulto sabe que isso é mentira, e que o rubor da face da mulher em certos momentos é marca muito mais significativa de sua prostituta querendo nascer do que de um vestido vulgar.

Um dos maiores desserviços que a revolução sexual prestou foi tornar a mulher ainda mais opaca para o mundo, além de reprimida. Basta observar como as feministas reagem violentamente a qualquer referência à prostituta como sendo a vocação mais antiga da mulher. O feminismo, no tocante ao sexo, é apenas uma nova forma de puritanismo. O rubor da face da mulher esconde o desejo que pinga entre suas pernas. Como alguém pode ter se esquecido disso?

O problema é a opção

Nelson costumava criticar o teatro paulista por ser "inteligente": até o bilheteiro era inteligente e queria ter uma opinião sobre o que faltava em *Hamlet*. E atriz inteligente? Na escrita de Nelson, esta é parente próxima do escritor sem livro, mas com causa ideológica. Atriz inteligente é má atriz. O negócio da atriz é interpretar, e não ser inteligente.

Certa feita, ele comenta que uma dessas inteligentes afirmou que o problema do homem moderno é a opção. Para Nelson, o problema é o excesso de opção que, na realidade, nos leva a um universo de opções diferentes que não fazem nenhuma diferença. Ou, por outra, e melhor: somos um bando de frases feitas e opções decididas. Não optamos, de fato, por nada: tudo em nós é científico.

Para optar, não se pode ter medo. "Sentimentos feitos, atos feitos, ódios feitos, angústias feitas". Não há originalidade em lugar nenhum, a não ser quando a ordem é ser original, e aí algum idiota escreve um livro ensinando a ser original. Quando da Passeata dos Cem Mil, Nelson conta como, de repente, alguém grita "estamos cansados", e os cem mil se sentam como uma grande lagarta gosmenta.

Gilberto Freyre e a resistência aos idiotas

Em homenagem a Gilberto Freyre, coisa que Nelson fez algumas vezes, podemos dizer que existe uma sociologia rodrigueana dos idiotas, começando pelo fato de que a verdadeira socialização do homem, objetivo da esquerda, é, na verdade, a socialização dos idiotas, porque homens verdadeiros não são passíveis de ser socializados. Ao passo que o idiota sente orgulho de parecer uma formiga ou uma abelha em sua conformidade moral.

Gilberto Freyre aparece em sua escrita sempre como exemplo de grande intelectual que resistiu, por isso foi exilado (sabemos que até hoje) pelos pares, quase todos idiotas socializados. A solidão é a marca de quem não é idiota, inclusive porque na calada da noite sabe que o mundo deve tudo a ele, mas que agora virou moda dizer que é ao "povo" que o mundo deve tudo.

A "rebelião dos idiotas" é antes de tudo promocional, como dizia nosso filósofo selvagem. A vida promocional é marca necessária do amor, da mediocridade. A sociedade da igualdade depende do dinamismo do idiota, porque ele é quem busca igualdade na vida.

Gente brega que acha que é fina

Assim como todo mundo que se acha virtuoso não o é, quem se acha sofisticado é, na realidade, um brega inconsciente.

Já nos anos 1960, tornara-se comum aquele tipo de brasileiro pseudo que, depois que volta da Europa nem "dá bom-dia pro Corcovado". Hoje é, como tudo mais, pior. O número de idiotas que "mudam" de visão de mundo depois que vão à Europa é enorme. Basta ouvir a frase "a Europa é outra coisa" para você saber que está diante de um brega que acha que é fino.

Cuidado: se essa ideia vier à sua cabeça, combata-a. Nada é mais sofisticado do que ser *blasé* com tudo que todo mundo acha o máximo. É quase uma noção de higiene.

"Não quero ser bonita"

Disse a aluna de psicologia da PUC. Para ela, isso era uma forma de afirmação de sua dignidade. Meu Deus, como uma mulher pode chegar a esse ponto de negar que o pulmão não quer ar?

Mesmo o canalha Palhares perdeu a paciência com ela. Certo dia, ela conta a ele como, depois da análise, fala tudo que vem à cabeça. Para ela, como para o marido da grã-fina amante do Boca de Ouro, na peça com o mesmo nome, depois da análise, tudo é "natural".

Nosso canalha sincero desiste da aluna da PUC. Depois me pergunto, lembrando da minha amiga que, no Rio mesmo, gritou "que falta faz um canalha": será que ela não foi aluna da PUC e agora arca com as consequências de achar que tudo é "natural"?

Quando o sexo fica bem "natural", fica broxa. Aqui, como em tudo mais, "a solução é ser medíocre", Palhares, nosso canalha sincero, reconhece isso, tristemente.

No pé da mesa

Tudo que Betty Friedan, líder jurássica do feminismo – uma horrorosa como deve ser toda feminista, como a aluna de psicologia da PUC que não queria ser bonita (ser bonita é uma forma de opressão) –, queria era "liquidar a mulher", segundo nosso selvagem. Sabemos que as feministas não entendem nada de mulher. Para elas, se pudessem, amarravam-nas todas no pé da mesa, com a família delas.

A lama de cada um de nós

Falar mal do dr. Alceu foi uma constante para Nelson. Ele seria o típico pensador católico progressista que Nelson identificava como impostor. Não discuto aqui o dr. Alceu em si, mas o dr. Alceu de Nelson, representado por ele. De lá pra cá, existem muitos drs. Alceus: são normalmente aquele tipo de pessoa que gosta de passar uma imagem de solidário ao todo, mas espanca juridicamente o irmão numa querela acerca de um quarto e sala na Praia Grande.

Festivos, hoje abundam ainda mais e diversificaram seus mercados: defendem animais e babam pelo aborto, preocupam-se profundamente com os palestinos e odeiam Israel (mas, claro, não são antissemitas...) – apesar de nem saberem geograficamente onde fica o conflito, muito menos sua história –, fazem books de fotografias de usuários de crack como forma de protesto político, invadem reitoria para fumar maconha, velhos feios se vestem de mulher feia e invadem o banheiro alheio... Basta... Cansa pensar neles.

Nelson conta que, num Natal, dr. Alceu se referiu a ele como estando na lama... Isso o magoou. Mas nosso filósofo selvagem reflete a partir daí e diz que cada um tem um pântano dentro de si, que não devemos despertá-lo, porque ele poderá apodrecer a paisagem. O santo Alceu, em sua "imodéstia", parece não saber disso. Aliás, é típico dessa gente festiva se achar santo como se fosse possível alguém justo, de fato, se achar justo. A imodéstia do santo Alceu ao se referir à lama de Nelson com desprezo revela a alma de todo festivo: um mentiroso contumaz vaidoso de sua falsa virtude. A figura do pântano é comum na fortuna crítica do teatro rodrigueano. Nelson dá voz ao pântano dando vida aos seus personagens. Atravessar o pântano é como atravessar desertos na tradição espiritual cristã, coisa de gente séria. Como dizia Kierkegaard, todo conhecimento sério sobre si mesmo começa com um profundo entristecimento. As almas que valem a pena sabem que são habitantes do pântano.

Ódio ao amor

O tema do ódio ao amor é clássico. Medievais já escreviam sobre a necessidade de esconder o amor dos outros. Nelson escreveu várias vezes que as pessoas não perdoam o amor e o caçam pela rua como mulher a ser apedrejada. A causa disso é nossa impotência para o sentimento – o que, no universo rodrigueano, significa o traço do demônio por excelência. Quanto mais incapazes de amar, mais odiamos quem ama.

Muita gente diz que o amor não existe, talvez por sua raridade tenhamos essa impressão. Mas o ódio, sim, este é fácil de achar, mesmo porque existem muitas razões para odiar, mas muito poucas para amar.

Você, sem cair no pecado do dr. Alceu (a "imodéstia" de se achar santo, como dizia Nelson sobre ele), citaria quantas razões há para amar? Maridos e esposas traem ou ficam desinteressantes, filhos nos abandonam, irmãos tomam nosso apartamento. O que sobra?

Piolhos e lêndeas

Já disse que Nelson é um autor que privilegia a sensação à ideia quando se trata de pensamento. Por isso ele, às vezes, dá exemplos que parecem primitivos. Quando criança, a pobreza tinha um nome: comer uma banana na escola enquanto outras crianças comiam pão com ovo. Outra vergonha era ter piolhos e lêndeas. As professoras e as vizinhas não poupavam sua vergonha. Uma vez, uma menina pretinha foi até ele e disse que ela também tinha piolhos e lêndeas. Eis a prova de que em alguns momentos existe algo de belo no mundo. Reconhecer que ter piolhos e lêndeas pode ser mais poderoso do que um tratado sobre moral. Na infância, lugar infernal, contrariamente ao que os idiotas da pedagogia falam, uma outra criança ser doce com você pode salvar sua vida.

Experiências como essa fazem de você uma pessoa capaz de amar e ser generoso. Não devem existir motivos razoáveis para amar, mas capacidade de amar. Essa menina mostrou para Nelson qual é o rosto dessa capacidade.

A dor é monótona

Muitas vezes fugimos de quem sofre. Atrapalha nossos planos de fim de semana. E é verdade. Uma característica de quem sofre é ser repetitivo em sua dor. A repetição exala morte. Mas o sofrimento é mesmo uma fratura em nossos planos de autonomia afetiva.

A questão é que, aparentemente, quando somos eficazes em proteger nossa autonomia afetiva da dor monótona de alguém, acabamos por ficar áridos como três desertos, como gostava de dizer nosso filósofo selvagem. Por isso, jamais poderão existir afetos corretos. Mas temo, como ele, que cada vez soframos menos, não porque a vida ficará feliz (a vida nunca será feliz), mas porque seremos cada vez mais corretos e eficazes.

É preciso ser leal?

As ciências sociais justificam os idiotas da objetividade. Mesmo os padres ficavam paralisados pela busca de objetividade. Certa feita, conta-nos Nelson, um jovem pergunta: "é preciso ser leal?". Professores, padres, pais, psicólogos buscam uma reposta objetiva para essa questão. Quem sabe "não faça ao outro o que não quer que façam a você mesmo"?

Idiotas da razão (gente que nada entende de filosofia, mas acha que sabe de alguma coisa porque é "interessado" ou viu um programa na TV sobre Sócrates) costumam achar que máximas como essa resolvem questões como a deste jovem. É preciso ser leal? O problema é que posso ser desleal com alguém e este mesmo alguém ser leal comigo. Não é essa a ideia de ser desleal? E outras bobagens do tipo: "temos que viver em sociedade e respeitar o outro". Não seria só se eu correr algum risco em não respeitar esse outro ou se eu tiver algum interesse em respeitar esse outro?

Não espero que gente com moral de classe média me entenda (gente do tipo que conta histórias bonitinhas para os filhos na caminha e por isso acha que eles não vão usar drogas quando crescerem ou não vão abandonar os pais num asilo em Guarulhos). Mas voltando ao jovem do Nelson. A resposta é simples: esse jovem é um "pulha", diz Nelson. Não há resposta

A filosofia da adúltera 113

sociológica ou psicológica para isso, mas a descrição pura e simples do jovem canalha.

Na Idade da Pedra já se sabia, mas, com o advento dos idiotas da objetividade, esquecemos. Cientistas sociais adoram brincar, dizendo que valores são construção social. Bonito quando seus filhos os empurrarem para fora como uma "barata seca". Nelson percebeu muito bem o niilismo científico das ciências socais. Mas não há muita saída, porque aparentemente os valores são mesmo vazios para quem não está disposto a aderir a algum grupo fechado de vida moral. O pecado das ciências sociais é achar isso chique e culto.

Liberdade

Sabemos que palavras perdem o sentido quando são excessivamente utilizadas. Um filósofo, aliás, pode ser definido como um profissional que busca delimitar, por medida, as palavras, fazendo delas conceito. Deleuze dizia que a filosofia é a arte do conceito. Saber falar com um pouco mais de precisão faz bem quando você quer ser entendido.

Uma das palavras que perdeu a precisão foi "liberdade". Nelson dizia que, em sua época, essa palavra não devia entrar em casa de família. Por quê? Ora, qualquer cara sabe que, na escola ou na faculdade, até os anos 1980, falar em "liberar-se" era um bom caminho para fazer as colegas fazerem sexo conosco. E funcionava, graças a Deus.

Mas um pouco antes de falar que essa palavra não devia entrar em casa de família, Nelson lembra que, em nome dela, cometeram-se grandes atrocidades. A imprecisão de palavras como essa, principalmente em política, é clássica, como nos mostrou o filósofo inglês Michael Oakeshott. "Povo", "democracia", "liberdade", "ética" são palavras cunhadas por homens e que depois ganharam a circulação pública e histórica que conhecemos. Minha aposta é que, quando alguém as usa, não está querendo comunicar nada em termos de conteúdo (semântico, como se diz; isto é, o significado da palavra), mas gerar um efeito retórico e fazer com que as pessoas pensem uma determinada coisa sobre quem as fala: que ele é legal, bem-intencionado, que acredita em deixar os outros viverem como quer, enfim, que é do "bem". Mas, na realidade, ele pode vir a fazer o que bem entender uma vez que tiver hipnotizado as pessoas.

No caso da liberdade, normalmente ela foi, e é, utilizada quando queremos destruir laços, dizer que somos amantes dela e, portanto, legais e confiáveis, mas, acima de tudo, que temos o direito de destruir tudo o que quisermos para fazer o que queremos, porque só nós criamos a liberdade verdadeira.

Afora presos em cadeias ou pessoas esmagadas por outras num quarto, quase sempre a palavra liberdade é imprecisa. Muitos dos revolucionários que falam dela, falam porque não querem nenhuma responsabilidade, apenas direitos sem deveres, e se julgam muito legais para ter de seguir normas – que são mesmo um saco. Ao final, os grandes defensores da liberdade, esses que fazem absurdos em nome dela, normalmente são jovens que cresceram sem querer arrumar o quarto. Querem liberdade para não tomar banho e feder, para pegar o que é dos outros, para não fazer provas, para transar com muita gente, enfim, para não arcar com o peso da vida.

Liberdade mesmo é risco mortal: quase ninguém está a fim dela.

O crioulo da Grapette

Nunca será demais repetir: o crioulo da Grapette é um dos melhores "conceitos" para descrever aquilo de que hoje as mulheres se queixam: o desinteresse dos homens. Com essa figura (o crioulo que vendia Grapette na praia de Copacabana e nem olhava as gostosas na praia de tanto que as via aos montes de biquininhos pequenos todo dia), ele profetizou a mulher obsoleta de hoje: não serve para nada, só pensa em si mesma, é fácil de comer, paga por si mesma, é tão semelhante ao homem que nem merece um dedo de prosa.

O inferno – o fim

Uma mulher viúva é amante de um homem casado. Ela é constantemente atormentada pelo medo de o filho ficar sabendo que sua mãe é amante de um homem casado. Ele sempre teme que ela queira criar problemas para o seu casamento, e por isso sempre repete que não tenha ilusões. É "honesto" em sua infidelidade. Para piorar as coisas, ela tem uma enorme vergonha de nunca ter gozado com o pai do filho como goza com seu amante casado.

O desejo pinga, e pinga quando ele quer, para quem ele quer, e não quando você quer ou para quem você quer. E, se o desejo é o centro da alma, a alma está perdida. Um dia, voltando de um dos seus encontros com o amante, a mulher fica sabendo que o filho se machucara jogando bola e as vizinhas o tinham levado ao pronto-socorro. As vizinhas, como sempre desocupadas, ajudam sua vizinha de vida duvidosa ao mesmo tempo que a chamam de cadela entre os dentes. Nossa heroína, já em pânico, com medo de o filho saber que era uma vagabunda que gozava com um homem casado, agora temia que algo acontecesse com o filho enquanto ela transava com um homem casado. Tenta falar disso com o amante, mas ele rompe, achando que ela quer que ele deixe sua mulher. Chora, se desespera, deprime. O filho então vai até ela e tenta consolá-la. Vai até o amante, que não mais atendia aos telefonemas da mãe, e pergunta se o último desejo de um morto pode ser negado. O ex-amante diz que não. O menino pede então que ele volte para a mãe dele e se joga embaixo de um ônibus. Os dois, então, voltam a ficar juntos. Mesmo não se suportando mais, permanecem juntos, porque esse era o desejo de um morto. Vivem assim, num inferno, para sempre.

Não basta existir amor, seja por um homem, seja por uma mulher, seja por um filho morto. A infelicidade sempre transcende. Ela é, na realidade, o que mais transcende qualquer tentativa de dar sentido à vida. Como diria Nelson, não há infelicidade do afeto que seja intranscendente, porque o desejo é sempre triste.

Este livro, composto na fonte Fairfield,
foi impresso em papel pólen bold 90 g/m², na Edigráfica.
Rio de Janeiro, novembro de 2019.